云南省社会科学界联合会 组编

“云南史话·世居少数民族系列”

编委会

本书主笔　李茂琳　熊甜芳

阿昌族史话

李茂琳　编著

云南出版集团
云南人民出版社

图书在版编目（CIP）数据

阿昌族史话 / 李茂琳编著 . -- 昆明 : 云南人民出版社 , 2022.4

（云南史话 . 世居少数民族系列）

ISBN 978-7-222-19818-0

Ⅰ . ①阿… Ⅱ . ①李… Ⅲ . ①阿昌族—民族历史—云南 Ⅳ . ① K286.2

中国版本图书馆 CIP 数据核字 (2021) 第 003086 号

出 版 人：赵石定
统筹编辑：马维聪
责任编辑：陶汝昌
责任校对：陈　迟
责任印制：代隆参
装帧设计：赵　丹

阿昌族史话
ACHANGZU SHIHUA
李茂琳　编著

出　版　云南出版集团　云南人民出版社
发　行　云南人民出版社
社　址　昆明市环城西路 609 号
邮　编　650034
网　址　www.ynpph.com.cn
E-mail　ynrms@sina.com
开　本　720mm × 1010mm　1/32
印　张　8.375
字　数　118 千
版　次　2022 年 4 月第 1 版第 1 次印刷
印　刷　云南商奥印务有限公司
书　号　ISBN 978-7-222-19818-0
定　价　40.00 元

如需购买图书、反馈意见，请与我社联系
总编室：0871-64109126　发行部：0871-64108507
审校部：0871-64164626　印制部：0871-64191534

云南人民出版社公众微信号

总 序

七彩云南，气象万千。

这里东连黔桂，西邻缅甸，北靠川渝，南接越南、老挝，是祖国大陆通往南亚东南亚、出印度洋的枢纽和大通道。特殊的地理，悠久的历史，孕育了深厚的文化底蕴，创造了丰富多彩的灿烂文化，成为中华文化同南亚次大陆文化、东南亚文化交汇区域，是文化交汇、融合、多样性的现代范本。

这里山川纵横。横断山、哀牢山、无量山、云岭、乌蒙山等山系支撑起祖国西南辽阔的天空。这里碧水荡漾。滇池、洱海、抚仙湖、程海、泸沽湖、杞麓湖、异龙湖、星云湖、阳宗海等湖泊，像一颗颗璀璨的明珠，镶嵌在云南高原上。这里江河澎湃。金沙江、澜沧江、怒江、红河、南盘江、伊洛瓦底江等六大水系连通各民族共同的家园。这里是植物王国、动物王国、有色金属王国；这里气候温和、四季如春，是世界花园。

这里历史悠久。元谋人从170万年前的远古走来。战国中晚期庄蹻入滇，第一次连接了楚文化与滇文化。秦开五尺道、汉习楼船，云南正式纳入祖国版图。唐宋时期，南诏、大理国文化彪炳史册。元初正式建立行省。明清时期，云南经济社会得到长足发展。20世纪初，云南各族人民打响了护国起义第一枪，巩固了辛亥革命成果。在抗日战争中，几十万云南各族儿女征战沙场，扬我国威！西南联合大学谱写了世界教育史上的奇迹。

在这片红土地上，传承着红色文化基因。走出了王复生、王德三等早期马克思主义播火者；走出了无产阶级军事家罗炳辉，《中华人民共和国国歌》的作曲者聂耳，马克思主义大众化的中国第一人、我们党思想理论战线忠诚的战士和学者艾思奇。20世纪30年代，毛泽东率领中国工农红军长征过云南，播下了革命火种。40 年代后期，中国共产党领导下的滇桂黔边纵队与中国人民解放军，在极端艰难困苦的条件下英勇作战，迎来了新中国的诞生！

这一切，催生了一系列独具特色的历史文化：史前文化、古滇文化、哀牢文化、爨文化、南诏文化、移民文化、护国文化、抗战文化、西南联大文化、红色文化，等等。

这里是民族文化的富聚区，民族文化多样性的活态博物馆。25 个世居少数民族中有 15 个特有少数民族。民族文化丰富多彩、博大精深、底蕴深厚、特色鲜明。如彝族的毕摩文化，汉传、藏传、南传佛教文化，傣族的贝叶文化，纳西族的东巴文化，哈尼族的梯田文化，等等，还有各种各具特色的丧葬、婚姻、服饰、建筑、节日、歌舞、生态等文化形态。此外还有各民族长期以来相互交融、相互学习、共同发展而产生的综合性文化，如茶文化、医药文化、烟草文化、驿道文化、青铜文化、石刻文化等，异彩纷呈，不胜枚举。

云南各民族优秀文化是中华文化的重要组成部分，是中华文化的瑰宝，是中华民族文化大花园中的奇葩！在长期的历史发展中，在红土高原上，形成独具特色的历史文化、地域文化、民族文化，其突出特点是多样形态、多元一体、和谐共生。各种文化，相互交融。佛教文化、基督教文化和伊斯兰文化并存（即使在同一宗教内，不同派别也和睦相处，如同为佛教，藏传佛教、南传上座部佛教和汉传佛教，亲密无间）、儒释道文化并存、原生态文化与现代文化并存、多民族文化并存。

在经济全球化、文化经济化、经济文化一体化的今天，文化既是社会生活方式，更是一种社会生产力，是各民族共同的精神家园。在中国特色社会主义进入新时代的历史条件下，深刻认识文化的作用，把精神的力量转化为物质的力量，把文化的软实力转化为高质量发展的硬实力。

“观乎天文，以察时变；观乎人文，以化成天下。”（《易经·贲卦》）习近平总书记指出：“我们要坚持道路自信、理论自信、制度自信，最根本的还有一个文化自信。”“要坚定文化自信，推动社会主义文化繁荣兴盛。”“没有高度的文化自信，没有文化的繁荣兴盛，就没有中华民族伟大复兴。要坚持中国特色社会主义文化发展道路，激发全民族文化创新创造活力，建设社会主义文化强国。”这是党中央赋予我们这一代哲学社会科学工作者的历史使命！承担起新时代这一历史使命，必须在新的实践基础上，用中国特色社会主义文化引领，推动文化的创新发展；必须深入挖掘传统文化资源，从中吸取历史智慧，引导云南各族人民树立正确的历史观、民族观、国家观、文化观，推动传统文化创造性转化、创新性发展；还必须为各族人民提供丰富的精神食粮，不断满足人民对美好文化生活的新期待。

古人云：“虑不远不足以图大功，功不大不足以传永世。”云南省社科联为贯彻落实党中央关于繁荣发展哲学社会科学的重要部署，传承弘扬云南优秀传统文化，坚定各族干部群众文化自信，决定组织全省有关专家学者编撰出版“云南史话”系列丛书，分别为地方系列、民族系列、特色县市系列、民族文化艺术系列、重大历史事件系列 5 个部分，每套丛书出版 20 种，共计 100 种。这是一项规模宏大的系统工程，计划用 5 年左右时间完成。通过本套丛书，我们将深入挖掘云南文化宝贵资源，认真梳理云南文化发展脉络，总结云南文化发展的特点及其规律，讲好云南文化故事，把云南历史讲明白，把云南文化讲精彩，把云南文明讲透彻，把云南经验讲深刻，使云南各族人民能够从历史中吸取智慧，从文化中获得自信，从文明中得到滋养，从经验中得到启迪，以期为增强文化自觉、坚定文化自信、正确认识和把握云南在全国发展大局中的地位和作用，立足新发展阶段、贯彻新发展理念、构建新发展格局，开创云南高质量发展的新局面，不断把习近平总书记为我们擘画的蓝图一步步变为美好现实，谱写好中国梦的云南篇章。

是为序。

云南省社科联党组书记、主席　张瑞才

2021 年 2 月

序　言

阿昌族是一个有着悠久历史和璀璨文化的民族，是中国56个民族大家庭中的一员，是全国人口10万人以下的28个少数民族之一，属云南省15个特有少数民族及8个人口较少的民族之一。据2010年第六次全国人口普查统计：我国阿昌族人口仅有39555人（包括盈江仙岛人在内）。主要分布于滇西的云南省德宏傣族景颇族自治州梁河县、陇川县和芒市等县市，部分散居在保山市的腾冲市、龙陵县，大理州的云龙县。云南省德宏傣族景颇族自治州陇川县的户撒阿昌族乡，梁河县的曩宋阿昌族乡、九保阿昌族乡，是阿昌族人口的聚居区。

阿昌族是个古老的民族，其先民属氐羌，是

由古代东部寻传部落演变而来。“寻传，即峨昌蛮也。”“寻传”远在2世纪时即居住在怒江上游的广阔地区，5~6世纪后一部分陆续向西南迁移，定居在陇川、梁河、腾冲等地。元明时期称作“莪昌”“峨昌”或“蛾昌”“阿昌”。今陇川县户撒、腊撒地区的阿昌族自称“蒙撒”或“蒙撒掸”（傣撒）、“衬撒”，梁河地区则自称“汉撒”与“阿昌”。中华人民共和国成立后，统一定名为阿昌族。在阿昌族形成的漫长历史长河中，经历了不断融合、分化、再融合的发展过程。阿昌族语言属汉藏语系藏缅语族缅语支。由于阿昌族长期与汉族、傣族、景颇族等民族杂居，故其语言中带有汉族、傣族、佤族、傈僳族等多种语言成分，语言成分复杂，形成梁河、陇川、潞西3个方言区。阿昌族使用汉文和傣文，现每万人口中，拥有大专及以上、高中、初中、小学文化程度的人数分别为92人、468人、1811人和4940人。

千百年来，阿昌族人民始终保持善良、勤劳、勇敢的优良传统和团结奋斗、开拓创新的民族精神，不仅创造了初步繁荣昌盛的物质文明，而且创造了不断积极向上的精神文化，进而推动和促进着阿昌族地区经济和社会的全面发展。

中华人民共和国成立以后，阿昌族人民的文化素质得到了很大提高，经济水平也发生了质的飞跃。梁河县的曩宋、九保两个阿昌族乡充分依靠科技进步推广双季稻，建成了大片稳产、高产粮田。此外，以农耕为主的阿昌族聚居区还兴建了制糖厂、制药厂、锡厂等一批地方企业，社会经济呈现出一派欣欣向荣的景象。

历史上，阿昌族较早接受了汉族的先进生产技术。内地商人和随军军匠在宋元时期经常与云龙县的阿昌族接触，当地阿昌族便跟这些人学会了耕种水田和打造刀剑的技艺。15 世纪中叶，明朝“三征麓川”时期，户撒地区的阿昌族已会耕种水稻和制造铁器。阿昌族长期以来以农业为主，云龙漕涧阿昌族人民很早（据传为 16 世纪）就以培育出“红枣”优良稻种而闻名遐迩；现在梁河县号称“水稻之王”的“毫安公”优质品种，据说也是阿昌族人培育的。陇川县户撒地区土壤适宜种植烟草，烟叶金黄油亮，所产“户撒烟”肉质厚而柔软，味道醇美，香气四溢，远销邻国缅甸。阿昌族的手工业较发达，铁、木、石、银器制作及酿造、刺绣、染色、纺织、雕刻、髹漆、建筑均有较高水平，尤以打铁最为著名。阿昌族工匠锻造的“户撒刀”，有长刀、短刀和藏刀、蒙刀等50多种120多个花色，精致美观，品质优良，属部优民族特需产品，远销邻国缅甸及国内西藏、青海、内蒙古等省区和省内各地。

赵家培

目　录

第一章　阿昌族族源历史与迁徙路线

阿昌族是中国云南西部一个古老的民族，在族源上与彝语支各民族有着共同的渊源关系，即他们均出自古代的氐羌族群。秦汉时期，由于部落间的征战，羌人逐渐从西北青海、甘肃等地陆续迁入西南地区，在较长的历史时期里与当地土著相互融合，并不断分化，形成了西南地区的氐羌族系各民族。

阿昌族先民是由古代东部氐羌系寻传部落演变而来。“寻传”远在2世纪时即居住在怒江流域，5世纪后一部分陆续向西南迁移。

12世纪末13世纪初，阿昌族开始进入德宏，后于15至16世纪定居在陇川、梁河、腾冲等地。

明清时期的阿昌族应包含近现代阿昌族和景颇族载瓦支系、龙峨（浪速）支系、腊期（勒期、茶山）支系的先民。因此，可以说，阿昌族与景颇族载瓦支、龙峨（浪速）支、腊期（勒期、茶山）支具有同源异流的亲缘关系（片马“峨昌”栋昌绍、梁河阿昌族曹明强、盈江景颇族李向前和排禄强认为，三个支系加阿昌支系，从语言学角度考量，很多语言相通的即为同族），历史上景颇族和阿昌族是同一族源的不同分支。阿昌族因为接近汉族，比上述景颇族三个支系的发展更快一些，被单独列为一族。

阿昌族，元明时期称作“莪昌”“峨昌”或“蛾昌”“阿昌”。今陇川县户撒、腊撒地区的阿昌族自称“蒙撒”或“蒙撒掸”（傣撒）、“衬撒”，梁河地区则自称“汉撒”（ha hsan）与“阿昌”。中华人民共和国成立后，统一定名为阿昌族。居住在盈江县姐冒乡芒缅村的仙岛寨以及芒线村的芒俄寨等地自称为“仙岛人”的是阿昌族的一个分支。20 世纪 80 年代，经民宗部门调研才被识

别为阿昌族。

阿昌族族源历史

一、阿昌族先民起源的传说

阿昌族由于没有本民族的文字，对其历史，族人也仅凭口头传说来寻觅阿公阿祖的踪迹。关于阿昌族起源的传说，有的带有神话色彩，有的出于附会，有的则带有真实历史的遗迹。

在梁河县境内和芒市高埂田乡一带的阿昌族中，世代流传着其始祖遮帕麻和遮米麻的故事。故事的内容是这样的：

古时候，既没有天，也没有地，只有混沌，混沌中无明无暗，无上无下，无依无托，虚无缥缈。记不得是哪年哪月，混沌中忽然闪出一道白光，也就有了黑暗；有了黑暗，也就有了阴阳；阴阳相继诞生了天公遮帕麻和地母遮米麻。

遮帕麻用一根神奇的赶山鞭创造了风和雨，用雨水拌金沙造了太阳，用雨水拌银沙造了月亮，又造了满天的星星。他抓下左乳房造了一座太阴山，抓下右乳房造了一座太阳山，从此男人没有了乳房。他又在两山间种了一棵桫椤树，让太阳和月亮绕着桫椤树转。他跨出一步就留下一道彩虹，走过的地方踩出了一条银河。他喷出的气体变成了白云，流下的汗水化作暴雨。遮米麻摘下喉结当梭子，拔下脸上汗毛织成大地，从此以后，女人没有了喉结和胡须。遮米麻脸上流出的鲜血变成了大海。天公遮帕麻造完了天，地母遮米麻织好了地，但是天造小了。遮米麻连忙抽去三根地线，大地突然凸起些地方，凹下些地方。凸起的地方成了高山，凹下的地方成了平原、山涧。

天地造好了，可山高没有人砍柴，林深没有人打猎，田野肥沃没有人去耕耘，海洋宽阔没有人去打鱼。遮帕麻和遮米麻便用烧柴看火烟和滚古磨盘来卜天意。结果，两座山上同时冒起一股浓烟，在高高的天空上交合在一起，滚下山的两块石磨也合在一起，他俩就结合成了家。过了九年，遮米麻生下一个葫芦，又过了九年，葫芦籽

才发芽，葫芦藤长得九十九尺长，只结了一个葫芦。葫芦越长越大，遮帕麻用大木棒打开一个洞，立即跳出来九个小娃娃。最初的人类就是这样被创造的。九个小娃娃被分到各个地方。分到坝子的成为傣族和汉族，分到高山的就是景颇族和傈僳族，分到半山半坝的是阿昌族和德昂族。所以阿昌族就是从人类始祖造出的人类中繁衍而来到世间的。

另一种传说，说阿昌族的祖先有弟兄三人，老大是“仙岛”（今阿昌族中也有自称是“仙岛”的），老二是“阿昌”，老三是“载瓦”（景颇支系）。还有一种传说，说人类是从“葫芦里出来的，有九种”。其中的一种：有三兄弟，老大是阿昌和载瓦，后来分开了，住在山上；老二是汉族，住半山；老三是傣族，住坝子。这种被阿昌族人民称为“天公地母传人种”的神话传说，反映了阿昌族人民的一种原始、朴素的民族同源意识。

传说中的阿昌族先民最早居住的地方，称为“勐撒峒”，其含义据说是指“在东边出太阳的地方”。又传说他们的祖先居住在“胡居胡康”，“胡居”义为江边，“胡康”义为江头，按上面所指方向，显然是指怒江、澜沧江至金沙江三江上游一带地方。而户撒地区的传说则说阿昌族是从东方迁来的，渡过怒江，到达户撒、腊撒，大体同历史文献记载一致。

关于阿昌族先民之所以要离开“勐撒峒”而向西流徙的传说有四种，其中与历史文献较一致的一种传说是：从前，“勐撒峒”有一个国王，马面人身，他的模样长得很可怕，且性情暴戾。他不准亲属和部下望他的脸，谁要敢当面看他一眼，就会立即被处死。国王生下两个儿子，老大叫仙岛，老二叫勐撒。因其父性情暴戾，整天担惊受怕，不能长期相处，二人便各自带领上百户阿昌族人民向西迁徙，寻找适宜谋生的地方。老大在前，老二在后，商议以砍倒芭蕉树为记号。后来经过了七次搬迁才定居下来。长子带领的人定居于今梁河县，即现在的“仙岛”；次子带领的人定居于户撒、腊撒，即现在的“蒙撒”。他

们都有亲族关系，而“仙岛”实际上是阿昌族的一支。其余三种传说分别为：一说“勐撒峒”是个坝子，国王的两个儿子为争夺王位而不和，最后小儿子就率一部分人迁移；二说阿昌族三兄弟一起离开“勐撒峒”，老大仙岛人居先，老二蒙撒人居中，老三载瓦人居后；三说“勐撒峒”有两个王子，“傣撒”因勇敢善射弩，被封为将领攻打“勐宛”都城景宛，得胜后，来到“勐撒”，大为喜欢，便居住于此。

据调查材料，原莲山县（今盈江县）正通拱景颇支的传说，说户撒、腊撒一带地区的阿昌族是和他们的祖先在“瓦烹瓦磨”地方分出来的。“瓦烹瓦磨”在伊洛瓦底江上游的东岸，西北方距景颇族载瓦支老家“子丕子黑”一日程，其南则为景颇族腊期（茶山）支主要居住区片马、拖角。据此传说，则阿昌族先民亦有分布在以前明朝设置的里麻、茶山两长官司的辖区，与景颇族先民杂居。这个调查材料也大体与历史文献记载相同。

又据户撒区曼东、田心、曼回、曼网等村寨的阿昌族人民传说，他们的祖先是从外地迁来的汉族。从年代来推算，距今五六百年，属明朝统治者“三征麓川”之时，这与历史文献记载相吻合。这一传说当与历史上的民族融合有密切关系。这些村寨的阿昌族人民在生活习俗、宗教信仰方面比较独特。比如：他们的家里一直保留着“天地君亲师”神位家堂，有的在神位的上方加上“祖宗郡望”的字样；信仰大乘佛教；婚丧节庆，亦多采用汉族传统礼仪。

此外，还有其他关于阿昌族先民的传说，如在腊撒曼旦新寨阿昌族的项姓族人中，流传着阿昌族先民来自南方的“勐士通”的说法。据说“勐士通”是一个大坝子，连接缅甸境内克钦邦的掸族居住区域。在很早以前，住在这里的阿昌族因官家的两个儿子争夺其父的土王位而发生械斗，后来弟弟被赶走，率领一部分阿昌人向东流徙定居于户撒、腊撒坝子。又如在户撒东摩阿昌族的蒲姓族人中，流传着其先民居住于缅甸境内

伊洛瓦底江中游地带，后来被缅王赶走，北徙至户撒坝子定居，融合成为阿昌人。对此，有的学者提出项姓疑即明代木邦、麓川罕姓之后；蒲姓疑即莽姓，可能与明代莽瑞体、莽应龙以及莽打喇等叛乱之役有关。故有阿昌族先民南来之说。

二、阿昌族族源历史辨析

阿昌族民间对自身来源有不同的看法。以陇川县户撒乡为例，当地就有“土著说”“东来说”“南来说”“内地来说”等不同的说法。而且部分群众家还保留着证明他们来自内地的家谱。根据部分学者的意见，“北来说”（源于甘青高原）和“东来说”（阿昌族最早发源于大理州云龙县境内，后逐步西迁至德宏州梁河县、陇川县定居）是比较可靠的说法，并说明他们与景颇族在历史上有渊源关系。这些情况说明，阿昌族虽然人口不多，但来源较复杂，也是一个多元一体的民族。

阿昌族世代流传下来的他们的祖先来源，基本都是口头传说。这些口头传说表明，在阿昌族历史上，除少部分从内地迁来的汉族人民与阿昌族人民通婚或其他原因融合于阿昌族之外，阿昌族的先民很早就生活和活动于云南西部澜沧江、怒江流域的中上游广阔地区。

阿昌族作为一个古老的民族，有着悠久的历史，从古代起，经历过不断衍化、迁徙、离散和聚合的复杂过程。对阿昌族的来源，这里从语言、历史和传说等方面提出以下初步的认识，其中的一些问题，尚待进一步研究和探讨。

一是“土著说”。近几年来，随着学者研究的不断深入，关于阿昌族族源的研究也产生了不少新的提法，如有学者根据1965年出土的元谋人化石推断，认为阿昌族应该是土生土长的土著民族。在德宏一带的傣族中还流行着这样一句话：“昌（尚）过法，腊过岭。”在多部傣文史籍中，如《郗忠国》《嘿勐勐唤》以及傣族叙事长诗《阿銮》等都有这样一句话，这也在一定程度上佐证了上面的说法。还有学者依据村寨调查资料认为阿昌族是在多民族长期交往和融合过程中形

成的。

二是有关阿昌族先民的记载，始见于唐代的汉文献。《蛮书》卷四说：“寻传蛮，阁罗凤所讨定也。俗无丝绵布帛，披波罗皮（虎皮）。跣足，可以践履榛棘。持弓挟矢。射豪猪，生食其肉，取其两牙，双插髻傍为饰，又条其皮以系腰。每战斗即以笼子笼腰，如兜鍪状。”又卷三说：阁逻凤“西开寻传，南通骠国”。骠国在今缅甸曼德勒一带。《南诏德化碑》又有“西开寻传，禄郫出丽水之金”的记载。丽水，即伊洛瓦底江；禄郫，即丽水支流，泸水市境外的小江，自片马、岗房、古浪边境向西北流入伊洛瓦底江上游的恩梅开江。大概在南北朝以后至唐宋时期，寻传蛮中的大部分迁移到澜沧江上游以西至伊洛瓦底江上游地带，极少部分仍留住在雅砻江与金沙江合流地带。这一时期阿昌族先民处于以狩猎为主的社会经济形态，采集经济在经济生活中具有一定的作用。《蛮书》卷四说：寻传蛮妇女“入山林，采拾虫、鱼、菜、螺、蚬等归啖食之”。清代董善庆在《云龙记往·阿昌传》中记载，在澜沧江流域的阿昌族先民取代摆夷后，遂成为境内各部“岁贡以为常”的强大部落。当时云龙境内的阿昌族主要居住在今澜沧江以西的表村、旧州、漕涧一带。阁逻凤西开寻传，置寻传于统治之下，并移西爨白蛮20万户于滇西，大批移民带着洱海地区的先进生产技术和文化进入寻传之地，客观上促进了寻传地区生产力的发展，逐渐改变了原始的生产方式和经济结构。《云龙记往》云：“往来商贾，有流落为民者，教夷人开田，夷人喇鲁学得其式，此夷有田之始也。”又云：“始自知岁月，以十二月为岁者。”在文化上移民对寻传蛮也有一定的影响。大约公元766年，《南诏德化碑》说：“革之以衣冠，化之以礼义。”这一时期，汉人、白蛮在阿昌地区行商获利，不断随商迁来。阿昌族先民受客商的侵利，一部分向西南迁徙，一部分留在原地。

唐代少量分布在澜沧江以东的东泸水（今雅砻江）流域与麽些江（今金沙江）合流地带，即

今四川盐边至云南华坪、永胜一带的寻传部落与“乌蛮”“麽些”杂居在一起。至元明时期，这一带的寻传部落被称为“峨昌”。明正德《云南志》卷十二北胜州（今永胜县）说，“境内之夷七种：弥河白蛮……峨昌诸蛮也”；近代这一带不再有“峨昌”，亦于明朝后期融合入当地彝族、白族或纳西族中。

三是元朝时期的“阿昌”“蛾昌”即南诏时期的“寻传蛮”。明景泰《云南图经志书》卷五《云龙州志》说：“境内多蛾昌蛮，即寻传蛮……”明朝时期的“峨昌”（阿昌）仍包括近代阿昌族和景颇族载瓦支在内。随着各地“峨昌”（阿昌）政治、经济、文化的不平衡发展，近代开始出现了阿昌和载瓦的分化。明景泰《云南图经志书》卷六《腾冲司》说：“境内峨昌蛮，即寻传蛮也。似蒲（布朗族）而别种……又善商贾。妇人以五彩帛裹其髻为饰……种秫为酒，歌舞而饮，以糟粕为饼，晒之以待乏。比之诸夷之强悍，则此类为易治也。”这部分“峨昌”即形成近代的阿昌族。钱古训、李思聪的《百夷传》说："蒲人、阿昌、哈剌、哈社、怒人皆居山巅，种苦荞为食。"这部分阿昌族人当时分布在今德宏山区和缅甸克钦邦东北部，生产生活条件较《云南图经志书》说到的那部分阿昌族人落后，即此形成景颇族的载瓦支。

四是阿昌族的分化与融合。留在云龙州的阿昌族先民与内地迁来的汉族、白族等交错杂处，不断接受了汉族和白族的先进文化，并在长期的历史进程中，与其他民族自然融合。至清初，汉文史料对留居云龙地区旧州、漕涧、泸水赶马撒一带的阿昌族先民还有记载。清雍正《云龙州志》卷五《风俗·附种人》说："阿昌，俱以喇为姓，性驯顺，受土官约束……秋末农隙，腾、永背盐者多此类。"又卷三《疆域志·附形势》说："赶马撒自旧州迤北三十里至苗委山，转西，越涧攀崖三十里，至汉洞寨，接邻浪宋，又三十里至赶马撒，亦阿昌种彝八十余家。西北为鲁戛……漕涧，在州治之西南，平坦开阔，中分四

寨，为早竹，为苗丹，为丹梯，为戛窝……余寨相去五六里不等，俱阿昌彝种，约数百家，其人略驯，勤耕凿。西过潞江，乃茶山野人界……”

五是早期西迁的阿昌族先民。15～16世纪，阿昌族先民已部分定居于保山地区境内和德宏州陇川、梁河、盈江一带。据《元史·地理志》记载，金齿等处宣抚司条说：“其地在大理西南，澜沧江界其东，西与缅甸地接，其西土蛮凡八种：曰金齿，曰百夷……”“南赕，在镇西路（今盈江县）西北，其地有阿赛赕，白夷、峨昌所居。”《元混一方舆胜览》说：“麓川江（今龙川江）出萼昌（即峨昌），经越赕（今腾冲）傍高黎贡山，由茫施（今芒市）孟乃甸入缅中。”龙川江发源于今泸水市和云龙县西部地带，亦今澜沧江西部。这一带有“萼昌”，所以说“麓川江出萼昌”。又《招捕总录》说：“至元十四年……时大理路蒙古千户忽都……奉命伐永昌之西腾越（今腾冲）、蒲骠（今保山市西南部）阿昌、金齿之未降部族，驻南甸（今梁河县）……”即在今保山往西腾冲、梁河一带都有“阿昌”（蛾昌）与“金齿”（傣族）杂居。

六是明清时期对西迁阿昌族地区的建置。明朝时，为了统治缅北江心坡一带和泸水县片马、古浪、岗房一带的景颇族、阿昌族地区，曾先后设立了茶山长官司和里麻长官司，这两个长官司都属于景颇族土司统治地区。明朝永乐二年（1404），先设茶山长官司。永乐六年（1408），又设里麻长官司。明朝万历末年、天启初年，茶山长官司和里麻长官司才荒废。明朝正统十三年（1448），设户撒土把总。明正统年间，朝廷发兵三征麓川，30万大军进入云南，屯守军伍。接战之后，流散兵丁脱离军籍，长期与各族人民相处，后代多转化为土著。沐英镇滇时，户腊撒变为沐氏勋庄，设赖氏和况氏土司掌管，汉族屯丁大量进入该地区与阿昌族人民共同对庄园进行垦殖。在与阿昌族长期密切的交往中，这些汉族屯丁的后代大部分逐渐融合为阿昌族。

清初，阿昌族分布在永昌府各地，包括保山

县、腾越州和府属各“百夷”土司地一带，保山县西境怒江沿岸，均属阿昌族向西迁移过程中的定居点。清乾隆《腾越州志》卷十一记载了分布于户撒地区阿昌族的情况，“阿昌，一名峨昌……今户撒、腊撒、陇川多此种”。阿昌族进入户腊撒地区，可能略晚于进入腾冲、梁河地区。又清嘉庆《重修一统志》腾越直隶厅条说：“户撒长官司……与腊撒俱峨昌夷地。”明清两朝政府为了进一步统治户撒、腊撒一带的阿昌族地区，明朝政府曾先后设立了两地土司政权。明朝正统十三年（1448），设为腊撒土守备。明朝末年，升为户撒长官司和腊撒长官司。这两个长官司都属于阿昌族土司统治地区。乾隆三十四年（1769），又封为长官司，后来一直传袭至民国年间。

七是近代阿昌族识别与主要分布。至近代，云龙境内的阿昌族大部分融合于汉族和白族之中，但少部分地区如漕涧坝子仍有近 2000 多人在语言和文化心态上保留着本民族的某些特点，由于民族压迫和民族歧视，这部分阿昌族不敢承认自己的族别。中华人民共和国成立后，随着党的民族政策不断落实，有关部门根据这部分人的申请，经过民族识别批准恢复为阿昌族。

阿昌族在历史发展的长河中，与诸多民族自然融合。明清时期，由于长期与白族、汉族、傣族交错杂处，交往密切，不断融合于其中。近代至中华人民共和国成立，85%以上的阿昌族定居于德宏州梁河县和陇川县的户撒坝以及芒市的高埂田一带。1988 年，成立梁河县九保、曩宋和陇川县户撒 3 个阿昌族乡。

考析阿昌族的族源历史，我们大致可以看到其衍化的历史链条为：阿昌族先民属氐羌，后从氐羌分化出称为“寻传”的部落。该部落 2 世纪时即居住在怒江流域，5 世纪后一部分陆续向西南迁移，后一部分定居在陇川、梁河、腾冲等地，即形成现代的澜沧江以西的西部阿昌族。另一部分继续往西迁移，进入缅甸直至印度东北，因时间太过遥远和缅甸对民族的不同认识，已无法探寻到其现代归属。

东部寻传部落的先民，唐代少量分布在澜沧江以东的东泸水（今雅砻江）流域与麽些江（今金沙江）合流地带，即今四川盐边至云南华坪、永胜一带的寻传部落与“乌蛮”“麽些”杂居在一起。至元明时期，这一带的寻传部落被称为“峨昌”。明正德《云南志》卷十二北胜州（今永胜县）说，“境内之夷七种：弥河白蛮……峨昌诸蛮也”。近代这一带不再有“蛾昌”，亦于明朝后期融合入当地彝族、白族或纳西族中。其余居住在“三浪”地的寻传部落，一部分融合于景颇族载瓦支系中；另一些居住在云龙境内的阿昌族大部分融合于汉族和白族之中，其中少部分地区如漕涧坝子的一带的阿昌族，至近代仍保留其祖先的民族特征，中华人民共和国成立后被识别恢复为单一民族。

阿昌族迁徙路线

秦汉时期，西北甘肃、青海一带的氐羌人向南迁移，进入云贵高原。这些阿昌族先民，随着历史的演变，分化为许多部落，阿昌族与景颇族载瓦支系的先民曾经是其中一个部落。这个部落与今汉藏语系藏缅语族各民族的先民有共同的族缘关系。分布在滇西广阔的澜沧江、怒江上游以西，伊洛瓦底江上游及今缅甸克钦邦祁鲜山以东的辽阔地域。在唐朝的汉文文献中，他们被称为“寻传蛮”。

唐朝时期，阿昌族先民广泛定居于澜沧江上游的云龙、兰坪、泸水一带，结束游牧生活，进入农耕经济时代。这一区域史称“古浪峨地”，居住在这里的阿昌族先民被称为“浪人”。以云龙为中心的“古浪峨地”是阿昌族先民的古发祥地。

云南西部阿昌族的先民在很早之前也是居住在滇西北的金沙江、澜沧江和怒江流域一带。后来一部分迁至怒江西岸，即古代称作“寻传”的地区，再逐渐南移，约于13世纪定居于现在的陇川县户撒坝子；另一部分则沿云龙、保山、腾冲迁徙，最后定居于梁河地区。

综述其迁徙路线大致如下：

秦至西汉时期氐羌人从西北青海和甘肃进入西藏东部和四川西部地区，其间，越嶲羌人于秦时从四川盐源进入金沙江流域的丽江和永胜一带。这些古氐羌部族属司马迁所分夜郎、滇、白马等7个民族集团中的成员，史学界还将其归属为氐羌和濮两大支系。东汉时，氐羌人已大量进入西南地区。三国两晋南北朝至隋朝时期将汉代居住在永昌郡域的"雟"部落族群，译写为"叟"。阿昌族先民作为氐羌部族，属于"叟"部落群的一部分。

东汉时期，又由西藏东部和四川西部地区迁移至云贵高原。此后，寻传部落移居至澜沧江、怒江上游以西，伊洛瓦底江上游及今缅甸克钦邦祁鲜山以东的辽阔地域。唐时定居于金沙江上游的今四川盐边至云南华坪、永胜一带，后融合于其他民族。定居于澜沧江上游的云龙、兰坪、泸水一带的阿昌族的先民，一部分迁至怒江西岸至片马、茶山等地，约于13世纪又迁徙定居于现在的陇川县户撒坝子；另一部分则沿云龙、保山、腾冲迁徙，最后定居于梁河地区。

阿昌族是一个勤劳勇敢的民族，千百年来他们和其他民族共同开发了祖国的西南边疆，为祖国边陲的巩固和发展做出了较大的贡献。1840 年鸦片战争爆发后，帝国主义列强加紧对华侵略和瓜分。1875 年，我国西南门户盈江县爆发了震惊中外的“马嘉理事件”，这是当地汉族、傣族、景颇族、阿昌族人民对英帝国主义列强入侵我国的英勇还击。1893 年英国侵略军入侵陇川地区时，阿昌族人民参加了各民族的武装队伍，狠狠打击了来犯之敌。1900 年，英国侵略军又一次侵入腾冲明光一带，烧毁村寨，枪杀各族人民，当地景颇族、傈僳族、汉族、阿昌族纷纷参加阿昌族土守备左孝臣的部队，共同抗击侵略者。左孝臣以身殉职，各民族军民挥洒热血，壮烈牺牲。日本帝国主义侵略我国期间，滇西南广大阿昌族地区被日寇铁蹄蹂躏，阿昌族人民和当地各族人民积极支援抗日部队，采取灵活多样的形式进行

抵抗日寇的英勇斗争。

民国时期，面对国民党当局和封建土司的残酷剥削和压迫，阿昌族人民进行了10余次较大规模且英勇悲壮的反抗斗争，为中国人民解放军迅速解放阿昌族地区、解放整个祖国西南边疆创造了条件。

第二章　阿昌族地域与人口分布状况

自然地理

德宏州阿昌族居住区的地形特点多为山脉和河流相间。山地高原和山间盆地交错，山地高原多，占居住区总面积的90%以上，山间地（阿昌族称为坝子）少，占全区总面积的10%不到。陇川阿昌族大都居住在海拔1100~2070米的山坝结合部和半山区。梁河阿昌族居住人口最集中的地方是海拔1400米左右的山间盆地区域。它们与盈江县和芒市同处亚热带季风气候的河谷与高寒层之间，气候凉爽、温和，既无酷暑，又无严寒；地形地貌大都是西北高、东南低，四面环山，坝子狭长，河流纵贯其间，靠山面坝。该地区的气

候和土壤适宜多种动植物栖息和生长。大盈江、龙川江及其支流纵横，形成网状，为户撒平坝提供了水力资源和灌溉便利。地下还蕴藏着丰富的矿产资源，诸如锡、镍、煤、铁、铜、铅、铝、云母、石墨、大理石、硫黄、金、银等。莽莽林海的深处，到处是宝，有名贵中药材和珍禽异兽。阿昌族居住地在山地间有许多小盆地（坝子），约占总面积的10%，是农业生产力水平较高的地方。那里纬度低，光照足，气温条件好，年均气温18℃左右，雨量充沛，全年降水量1400毫米左右，为发达的农业、手工业创造了十分有利的条件。梁河县的阿昌族擅长种植水稻，他们辛勤培育出的水稻良种被誉为“水稻之王”；陇川县的阿昌族擅长种烤烟，户撒坝子生产的烟叶肉质厚而柔软，味醇美而幽香，在境内外享有盛名。

漕涧坝子处在雨量多、气候冷凉的三江流域的高原盆地上，海拔在1950~2120米之间，境内山峦起伏，河流密布纵横，海拔高低悬殊，由高山峡谷、中山谷地、山麓洪积扇、河流阶地、高原夷平面5种地貌单元组成。植被（含灌木林和草坡）覆盖率达53%以上，其中森林覆盖率达40%，主要有分水岭原始森林、红豆杉林。漕涧坝子属亚热带高原季风气候，天气冷凉，年平均降雨量1660毫米，年平均气温15.96℃，全年日照不足。

保山市和腾冲、龙陵的阿昌族则居住在分隔高黎贡山及其延伸山脉的山坝间，与其他民族杂居，少有聚居。地处亚热带和暖温带坝区，气候温和，雨量充沛，土地肥沃，自然资源丰富。境内有气势磅礴的高黎贡山及其支脉，在广阔绵亘的山梁上，覆盖着茂密的森林，栖息着马鹿、麂子、獐子、野猪、熊、猴、孔雀、锦鸡、野鸭和天鹅等珍禽异兽。

龙陵以及德宏州的芒市、梁河、盈江、陇川、瑞丽等地境内，大盈江和龙川江沿山脉向西南倾泻，出国境后汇入伊洛瓦底江。阿昌族居住的主要地区属于高黎贡山向南逶迤延伸的余脉地带。这里已不像滇西北那样群峰险峻、河谷深邃，而

是丘陵绵延、山地起伏，呈由北向南倾斜。高黎贡山和怒山间的澜沧江、怒江水流湍急，蕴藏着巨大的水力资源；大盈江、龙川江随山势向西南倾泻，滋润着两岸的土地。阿昌族居住地区属亚热带高原湿润季风气候，一年中干湿季节分明，气候温和，全年平均气温在18.3～19.9℃，最高36.6℃，最低-1.7℃。无霜期326～365天。年日照时数为2317～2428小时。雨量充沛，年平均降雨量为1369～1651毫米。河谷平坝土质肥沃，适宜各种亚热带农作物生长，产量很高，种类有水稻、小麦、玉米、花生、油菜、豆类、薯类等。经济作物主要有烟草、茶叶、甘蔗等。

民族分布

阿昌族在云南省主要聚居和散居在德宏傣族景颇族自治州的梁河、盈江、陇川、芒市和大理白族自治州的云龙漕涧、旧州等地。另外，云南省保山市的保山、龙陵、腾冲、施甸也有一部分阿昌族。其中，德宏州梁河、盈江、陇川、芒市

4县市的阿昌族人口占全国阿昌族总人口的85%以上。截至2010年末，全国阿昌族总人口为39555人，德宏州阿昌族总人口为31523人，占全国阿昌族总人口的80%，占全州124.6万人的2.5%。保山市保山、龙陵、腾冲和大理白族自治州云龙的人口占15%以下。

一、德宏州三个县市的分布

德宏州的阿昌族主要分布在陇川县的户撒和梁河县的九保、曩宋3个阿昌族乡，是阿昌族人口的聚居区。其余分布在芒市江东区高埂田乡、盈江县弄璋镇芒缅村的仙岛寨以及芒线村的芒俄寨等地。2014年，德宏州阿昌族主要分布在全州11个乡镇的28个村委会261个村民小组中，呈现出大杂居小聚居的特点，有22585人分布在3个阿昌族乡的25个村委会174个村民小组中，占全州阿昌族人口的72%。其中：梁河县曩宋乡涉及9个村委会39个村民小组，共有阿昌族人口4432人；九保乡涉及6个村委会28个村民小组，共有

阿昌族人口 3877 人；陇川县户撒乡涉及 10 个村委会 107 个村民小组，共有阿昌族人口 14276 人。2016 年，陇川户撒和梁河九保、曩宋 3 个阿昌族乡编组为 26 个村委会 169 个村民小组 3446 户。

（一）梁河县的九保、曩宋 2 个阿昌族乡

曩宋阿昌族乡。“曩宋”系傣语，意为两河交汇处。元朝属南甸路军民总管府，明嘉靖年间设曩宋关。清道光隶属腾越厅，民国隶属腾冲县，1956 年划归梁河县，1961 年建曩宋区，1988 年改为曩宋阿昌族乡。曩宋阿昌族乡位于梁河县东北部，距县城 10 千米，面积 116.32 平方千米，辖曩宋、关璋、弄别、龙营、马茂、河东、瑞泉、芒东、芒林等 9 个村委会，乡政府驻曩宋，是一个阿昌族、汉族、傣族、景颇族聚居的多民族乡。自古为中缅交通咽喉要地，省道干线公路过境。特产有小花鱼、芒东酱油。

九保阿昌族乡。九保阿昌族乡位于梁河县中部，属县城近郊乡。乡政府驻九保，距县城 2.5 千米。九保地形分为平坝、二台坪子、山地三级

台阶。腾（冲）陇（川）公路过境，大盈江由北向南流经乡境，是全国仅有的3个阿昌族乡之一。九保傣语称为“遮德”，意为上城，与“遮岛”（下城）相对。古为中缅交通要冲。明正统年间设世袭南甸宣抚司于此。1958年后先后称卫星公社、遮岛区、红旗公社，1988年2月改九保阿昌族乡。1997年，面积156平方千米，人口1.4万人，辖九保、勐宋、丙盖、横路、勐科、安乐等6个行政村。2002年底，辖九保、丙盖、勐科、横路、安乐、勐宋等6个村委会37个自然村67个村民小组，总人口13777人，其中阿昌族3490人，占总人口的25%。2006年，人口1.48万人。2008年末，全乡有农户3424户，有乡村人口13764人，农业人口13387人（其中阿昌族、傣族、德昂族、傈僳族等6531人，占全乡总人口的47%，阿昌族人口3698人，占全乡总人口的27.6%），劳动力8556人，其中从事第一产业人数6860人。全乡6个村委会中有3个阿昌族村委会，均保留着本民族的语言、服饰和文化以及过

传统“阿露窝罗节”的习惯，有着独特的民族民间文化。

盈江县阿昌族支系仙岛人。主要聚居在云南省德宏傣族景颇族自治州盈江县弄璋镇芒缅村的仙岛寨以及芒线村的芒俄寨。使用的本民族语言属汉藏语系藏缅语族缅彝语群彝语支，原归为阿昌语的一个方言，20 世纪末被语言学家分类独立出来，属于中国新发现语言的一种，也是中国境内极度濒危的一种语言。仙岛语别称仙岛话、先岛语、先岛话。因仙岛人人数甚少，2019 年人口有 106 人，且长期与景颇族、傣族、汉族、傈僳族等周边民族杂居，在词汇方面含有大量的景颇语、载瓦语、傣语、汉语和傈僳语借词。仙岛语接近阿昌语，仙岛人也被归入阿昌族中。根据仙岛人自己的传说，仙岛人的祖先源于东北方向，“太阳升出的地方”——勐撒洞，有名为“仙岛”(仙岛人)、“蒙撒”(这是陇川县户撒乡阿昌族的自称)、“载瓦”（景颇族载瓦人）兄弟三人。当时勐撒洞有一位凶残的马面人身的国王在那里横行霸道，于是兄弟三人决定向西南方向迁徙。他们各自带领100名男女，约定由走在前面的兄弟沿途砍倒芭蕉树来指引跟在后面的兄弟。后来，他们越向南走气候越热，导致前方队伍砍下的芭蕉树根很快就在热带气候中长回原状，结果跟在后面的兄弟认为砍下的芭蕉树已经茂密，前方的兄弟早已走远，估计再也追不上了，于是就决定居住下来，这就形成了今天的仙岛人、阿昌族人和载瓦人。2002年12月的田野调查统计，仙岛人共有16户110人。很多中青年人对自己的仙岛语都不熟练，更年轻的仙岛人一般不会讲仙岛语，使用景颇语、傣语和汉语代替。所有仙岛人都兼用除仙岛语以外的其他语言，例如汉语、傣语、景颇语和载瓦语。

(二) 陇川县户撒阿昌族乡

户撒阿昌族乡系陇川县辖乡，位于陇川县西北部，南北与盈江县接壤，西南与缅甸交界。乡政府驻地户撒，距县城章凤53千米，是户撒刀的出产地。明朝为屯兵要塞，曾置户撒、腊撒两个

守备所，是为土千总职务屯守，清乾隆时升为长官司。中华人民共和国成立后归属盈江县，1958年划归陇川县。1960年置户撒区，1969年建东方红公社，1984年改户撒区，1988年改户撒阿昌族乡，距旧县城58千米。面积251.5平方千米，人口2.1万人，少数民族人口占64.13%，其中阿昌族10822人。辖曼棒、朗光、隆光、项姐、曼炳、腊撒、平山、潘乐、户早、明社、保平等11个行政村。主产粮食、茶叶、烟叶；特产户撒烟和户撒刀，户撒刀与新疆英吉萨刀、甘肃保安刀齐名，为三种民族宝刀之一。2003年末，全乡人口22245人，少数民族占全乡总人口的65%，其中阿昌族11802人，占53%，辖11个行政村126个自然村145个村民小组。2006年，人口2.26万人。全国三分之一的阿昌族人居住于此。全乡总体面貌是两山一坝的狭长小盆地，坝区海拔在1380～1480米之间，森林覆盖率达54%。腾（冲）瑞（丽）公路过境，拥有公路里程100多千米，其中省道24千米。

唐宋时期，户撒已有阿昌族先民居住。明洪武十六年（1383）左纳率部归顺明朝后，明太祖敕赐汉人段保为云龙州掌印土知州，阿昌族降为被统治民族，又有一批人向西南迁至德宏境内各地，渐失原土。阿昌族聚居的户腊撒，明初属麓川宣慰使司。15 世纪中叶，明将王骥三征麓川后，属陇川宣抚司。王骥分封其属官赖罗义和况本为把总，分别掌管户撒、腊撒，成为世袭领主。阿昌族人民在“喇鲁学耕田”（《云龙记往》）的基础上又从驻守边疆的汉族屯兵那里学会了田间管理、打制铁器的技术，促进了阿昌族农业和手工业的分工，商品经济有了初步发展。

清初承袭了明代的土司制度。吴三桂把户腊撒地区改为勋庄。康熙三十一年（1692），废勋庄，仍归原先赖、况两家承袭。雍正二年（1724），户腊撒地区归腾越州管辖。乾隆年间，南甸土司辖区的阿昌族，除了向傣族封建领主交纳贡税外，百分之八十以上的农民沦为附近汉族、傣族地主的佃户。同时受封建领主、地主的双重

剥削。民国时期，云南军阀在陇川、梁河等地建设治局，推行保甲制，但封建土司制度仍延至中华人民共和国成立前夕，统治阿昌族达500余年之久。阿昌族每年除固定向土司交纳“三大款”（官租、大烟款、地基银子）外，各寨还负担专门的劳役。

（三）芒市江东乡高埂田村

1950年前，高埂田村属南甸土司孔孟乡。1950年属梁河县，1952年属梁河县第四区，1952年在阿昌族聚居的陇川县户腊撒地区成立了阿昌族自治区（区级）。1953年、1954年，又先后在潞西县江东区高埂田乡、梁河县遮岛区的丙介乡和关璋乡建立了3个阿昌族民族乡，高埂田仍属梁河县第四区。1955年划归潞西县（今芒市）江东区，1969年改为高埂田大队，1984年改为高埂田阿昌族乡，1988年改为高埂田村公所。高埂田村委会位于江东乡东北部河谷地带，龙江两岸，辖高埂田、蚂蟥塘、幸万、夺铲山、芒岭、小新寨、温乖、遮告、常新寨、大岭岗等10个自然村，全乡人口多为阿昌族，阿昌族人口有 1200 人，有部分汉族。村公所驻地海拔 1000 米，地处芒岭公路西侧，在乡政府驻地北 9.7 千米。高埂田村公所是芒市境内唯一的阿昌族聚居区。

高埂田乡阿昌族人喜欢对歌。对歌是青年男女在业余时间十分喜爱的活动，大致可分为 3 种。一种叫“相勒吉”，是男女青年在野外对唱的山歌，一般是融景生情，即兴作词，山、水、云、树等都可入歌；一种叫“相作”，是在夜深人静时，男女青年在林间幽会时，低声对唱的情歌，感情真切，常常一唱就是一个通宵；还有一种叫“相勒摩”，也是一种对唱的情歌，曲调婉转，歌词含义深刻，比喻生动。

二、大理州云龙县阿昌族

大理州云龙县的阿昌族主要分布在漕涧镇仁山村，位于漕涧镇东南边，属阿昌族聚居村，也是大理州唯一的阿昌族村寨。这里曾有一位阿昌族的先祖“早概”，被称为阿昌族的历史文化发

祥地。古代峨昌人在这里挖盐、背盐、打麂子、种江边野生稻，后来早概因臂力过人，智慧超群，在这一带当了峨昌酋长，建立了部落联盟。峨昌人多了，发展空间有限，就向澜沧江峡谷两岸、怒江大峡谷深处迁徙，形成史书记载的“寻传蛮”一部。南诏大理国时代，“西开寻传地”，峨昌人开始翻越高黎贡山，迁徙到现在的腾冲市、芒市、梁河县、陇川县、盈江县等地，后来各地峨昌人都改叫阿昌族了。明洪武十六年（1383）左纳率部归顺明朝后，明太祖敕赐汉人段保为云龙州掌印土知州，阿昌族降为被统治民族，并向西南迁至德宏境内，渐失本土。仁山村东邻功果桥镇，南邻铁厂村，西邻大坪村，北邻漕涧，村委会距漕涧镇人民政府所在地 5 千米，辖 10 个自然村 20 个村民小组。仁山村农民收入主要以种植、养殖为主。2017 年，全村人口 1523 户 5087 人。仁山村居住集中，民族有阿昌族、白族、汉族、彝族、傈僳族等，主要以阿昌族为主，有 2397 人，占全村总人口的 47%。全村面积 40. 5

平方千米，集体所有农用地总面积 37236.9 亩，其中耕地 5010 亩，包括水田 3090 亩、旱地 1845 亩，林地 41332 亩。村委会所在地海拔 2070 米，全村最低海拔 1900 米，最高海拔 3400 米，属典型的高寒冷凉地区，集偏远、民族、贫困、山区为一体，仍处于解决温饱阶段的低水平发展类型。

云龙漕涧是阿昌族的历史文化发祥地，据史籍记载和《早陶墓碑文》的印证，阿昌族属漕涧境内最古老的民族之一，属于古代氐羌族群中的一支。6 世纪到 7 世纪之间，云龙阿昌族部落酋长早概战胜了其他部落，成为云龙地区各部落的首领。1383 年，早纳率领所部阿昌族归顺明朝，明廷旨封土千总世袭制。漕涧地区的土司制度历时 475 年，一直沿袭到清代咸丰年间。现在漕涧坝子上阿昌族主要集中聚居在仁山村丹梯、赛初、寡地和苗丹一带，仁德、大坪、铁厂等地也有分布。

三、保山市 4 个县市分布

阿昌族约 13 世纪定居于今保山市境内，保山

市阿昌族多居住在半山或半坝区。全市阿昌族人口3000多人，现主要分布在腾冲市新华乡的梅子坪、新山、中心等自然村，大部分与汉族、傣族同寨杂居，其余分布在龙陵县河头乡芒麦村的蛮旦、下寨、大田坡、打黑4个寨子中，自称小阿昌。龙陵县阿昌族则相对较为集中，呈大杂居、小聚居的分布。另外还有施甸县阿昌族68人居住在木老元布朗族彝族乡、摆榔彝族布朗族乡和姚关镇。

保山市境内阿昌族多居住在高寒山区，海拔在2070米以上，山高坡陡，缺水少土，自然灾害频繁，生产生活条件较差。主要粮食作物有苞谷、稻谷、大麦、小麦、苦荞，粮食单产量低。其茶叶、板栗、核桃等经济林果形不成规模。

四、国内阿昌族人口分布特点

2000年第五次全国人口普查资料显示，阿昌族总人口为3.39万人，其中男性1.72万人，女性1.67万人；性别比为102.64。与10年前的

“四普”相比，阿昌族人口增加了 0.62 万人，增长率为 22.43%，平均年增长率 1.96%。

在阿昌族人口中，城镇人口有 0.28 万人，占总人口的 8.18%；乡村人口 3.12 万人，占总人口的 91.82%。与 10 年前相比，阿昌族城镇人口比率提高了 4.38 个百分点。

阿昌族在全国的 31 个省、自治区、直辖市中均有分布，主要集中聚居在云南省，占阿昌族总人口的 98.77%。另外，阿昌族人口在其他省区市均不足百人。

从各年龄段的人口比例看，少年儿童人口(0~14 岁）比重为 33.28%，劳动年龄人口（15 ~ 64 岁）比重为 62.45%，老年人口（65 岁及以上）占 4.26%。

5 岁及以上人口有 2.26 万人，在 15 岁以上的人口中，文盲人口 0.31 万人，文盲人口比率为 13.56%，其中男性成人文盲率为 7.17%，女性成人文盲率为 20.10%。6 岁及以上人口 2.99 万人，其中，受过小学以上（含小学）教育的占

83.18%，受过初中以上（含初中）教育的占27.15%，受过高中及中专以上教育的占6.46%，受过大专、大学教育的占1.10%。

在1999年11月1日至2000年10月31日期间，全国阿昌族出生人口为610人（按长表推算），总和生育率为2.04。

第三章　阿昌族历史文化

历史发展

一、先秦到魏晋南北朝时期

在古代汉文献中，关于阿昌族先民的记录现在所能判明的，最早的是在唐代。至于唐代以前的记录，则大都含糊混杂，难于辨清，因而只有借助于语言谱系分类法去划分族系，从亲属语言的起源及其发展来追寻古代阿昌族的来源。概括地说，阿昌族作为藏缅语族缅语支的一个成员，在民族来源上，与彝语支系各民族有相近的起源，即同源于古代的氐羌族群。

羌人原是我国西部古老的游牧部落，主要分布于今甘肃省兰州市以西、青海省西宁市以南的

辽阔区域。《后汉书·西羌传》载："西羌之本，出自三苗，姜姓之别也。其国近南岳，及舜流四凶，徙之三危，河关之西南羌地是也。滨于赐支，至于河首，绵地千里。赐支者，《禹贡》所谓析支者也。南接蜀、汉徼外蛮夷，西北鄯善、车师诸国。"按照这条史料，则当时的氐羌族群早已广泛活动于陕西、甘肃、青海、西藏东部和四川西部的广阔地带，西北已接近新疆，东南已达雅砻江下游的西昌一带。

这里所说的"三危"，在今甘肃省西部敦煌一带；"河关"，在今青海省贵德县东部；"赐支"，在今青海省贵德县西河曲处；"河首"，在今天甘肃省、青海省的积石山一带。"蜀、汉"，是对当时西南地区的蜀郡、汉郡的略称；"蜀、汉徼外"，即今四川省阿坝藏族羌族自治州南部、甘孜藏族自治州一带；"鄯善、车师"，在今新疆维吾尔自治区东部。西汉以前羌人族群分布的区域，西与西域的鄯善、车师为邻，南与"蜀、汉徼外蛮夷"相接，地域辽阔，其中赐支、河首和河湟一带是羌人部落极为活跃的地方。

西汉时，羌人部落虽已南向流徙至蜀汉外蛮夷地，但大量的羌人南徙进入西南地区，这已是东汉以后的事。《后汉书·西羌传》载："和帝永元六年（94），蜀郡徼外大牂夷种羌豪造头率种人五十万余口内属，拜造头为邑君长，赐印绶……安帝永初元年（107），蜀郡徼外羌龙桥等六种万七千八百八十口内属……明年，蜀郡徼外羌薄申等八种三万六千九百口复举土内属。"

当时中国西部地区的民族关系是复杂的，因而引起羌人部落长期并大量的流徙，原因也是多方面的。但从载籍来看，其中的一个重要因素，是来自其他民族势力的压迫和征伐。商朝建立后，曾多次对羌人进行征伐。到了春秋战国时代，氐羌族群中又出现了新的动荡。在公元前 7 世纪，秦国的穆公（秦穆公执政时间为公元前 659~公元前 621 年）曾发动了一次规模很大的兼并战争。《后汉书·西羌传》又载："秦献初立（公元前 383 年），欲复穆公之迹（穆公霸有西戎，公今欲

复之)。兵临渭首，灭狄獂戎。忍季父卬，畏秦之威，将其中人附落而南，出赐支河曲西数十里，与众羌绝远，不复交通。其后子孙分别各自为种，任随所之。或为牦牛种，越巂羌是也；或为白马种，广汉（今甘肃文县）羌是也；或为参狼种，武都（今甘肃武都）羌是也。”秦献公在公元前4世纪，又再次发动大规模兼并战争。史载这次战争引发了氐羌族群的大规模迁徙。羌人首领“忍季父卬”害怕被秦国所灭，就带领他的部落迁离赐支，到了河首，其后裔的一部分进入四川西部的越巂一带，称为“越巂羌”。他们中的一部分经盐源继续南迁进入云南丽江、永胜境内的金沙江流域暂居。

综观文献记录，古代羌人部落早在先秦时期就已开始部分向南流徙。汉代南迁人数逐渐增多，除迁到蜀郡北部即今四川省茂县、汶川县一带的“汶山羌”以外，大量的是迁到今甘孜藏族自治州一带的“蜀郡徼外羌”。两晋南北朝时期由于黄河中、上游各民族陷入分裂割据的局面，出现民族的大迁徙，又导致羌人部落大量迁入西南地区。

仅据上述这几段史料所提供的线索，大体可以窥见东汉时期羌人部落大量南向流徙的盛况。至于南迁后抵蜀郡徼外的诸种羌的活动地区，现在难于具考，但必在蜀郡以西即今甘孜藏族自治州一带当是无疑的。

直至两晋南北朝时，甘、青羌人部落仍继续向南迁徙，终于遍及川西民族走廊。

羌人部落迁入西南地区后，与“蜀、汉徼外蛮夷”长期杂处，频繁往来，相互依存，相互融合，从而引起了西南地区民族结构的变化。就其较大的部落集团而言，早在西汉时，司马迁就把当时为数众多的西南民族部落划分为夜郎、滇、邛都、白马、巂和昆明、徙（斯）和筰都、冉駹等7个部落。后人将其划为氐羌、濮两大系。

二、唐以前氐羌族群与阿昌族先民南迁及衍化

在古代汉文献中，关于阿昌族先民的记录现

在所能判明的，最早的是在唐代。至于唐代以前的记录，则大部分含糊混杂，难于辨清。明朝征服云南之后，把“在官之典册，在野之简编，全付之一炬”，致使许多真实的历史被掩埋进尘埃之中。虽遗留下些东鳞西爪的记录，又因景颇族（指载瓦、浪速、茶山支系）和阿昌族有同源关系，清代以前的记录不易分辨，从而使古代阿昌族的面貌变得扑朔迷离。因此只有借助于语言谱系分类法去划分族系，从亲属语言的起源及其发展来追寻古代阿昌族的来源。阿昌族是属汉藏语系藏缅语族的民族，学术界普遍认为他们渊源于我国古代的氐羌族群。概括地说，阿昌族作为相近的起源，即同源于古代的氐羌族群。这里有必要对古代氐羌族群中一部分向南流徙及衍化的古代种人略做补充说明。

随着历史的发展，西南地区的民族部落又不断分化。直至唐初，出现了许多不同名号的部落，其中与藏缅语族彝语支各民族有渊源关系的有僰、叟、摩沙、爨等。阿昌族作为彝语支民族之一，语言学者将阿昌族语言中一些古老词汇和一些基本的语言成分，同彝语支各族语言作了相应对比研究，结果有很多接近的地方。这就是当今考察阿昌族的族源时必然要追溯到古代氐羌族系的由来。

三、唐宋时期的阿昌族——历史文献中的“寻传蛮”

历史文献记载，三国两晋南北朝至隋朝时期将汉代居住在永昌郡域的“嶲”部落族群，译写为“叟”。作为阿昌族先民的氐羌部族，属于“叟”部落群的一部分。进入唐代，诸多汉文史书中，把阿昌族先民归属为寻传蛮之中。唐樊绰《蛮书》卷四说：“寻传蛮，阁罗凤所讨定也。”又卷三说：阁逻凤“西开寻传，南通骠国”。这里所说的“寻传”是地区名，在今澜沧江上游以西至缅甸克钦邦境内的祁鲜山以东的辽阔地带，因寻传蛮居住于此而得名。阁逻凤西开寻传后，通过寻传地区向南扩展势力至骠国，即今缅甸曼德勒境。同时，又通过寻传地区向西北部开拓，

到达伊洛瓦底江上游以东地带，所以《南诏德化碑》又有“西开寻传，禄郸出丽水之金”的记载。丽水，即今伊洛瓦底江；禄郸，即丽水支流，今泸水市境外的小江，从片马、古浪、岗房边境西北流入恩梅开江。由此看来，唐代的寻传蛮分布地域辽阔，包括澜沧江以西至缅甸克钦邦境内伊洛瓦底江上游的恩梅开江和迈立开江一带。

在澜沧江以东地区，也有寻传蛮分布。《蛮书》卷二又载：“又有水，源出台登山……西南至会州诺赕，与东泸水合，古诺水也。源出吐蕃中节度北，谓之诺矣江，南郎部落。又东折流至寻传部落，与磨些江合。……至寻传与东泸水合。东北过会同川，总名泸水。”

这一段史料，值得仔细推敲。按，水，指今西昌地区的安宁河；台登山，在今冕宁县境内；会州诺赕，今米易；东泸水，今雅砻江，即古诺水；磨些江，今丽江市永胜县境内的一段金沙江；会同川，今会理县。从地理位置看，今四川省雅砻江至云南省丽江市永胜县之间的金沙江流域一带，原是唐代以前氐羌族系各民族部落住居区域。到了唐宋时期，在泸水（雅砻江）附近仍有寻传部落。这一方面说明这些寻传部落是从古代氐羌族系的部落群中繁衍分化出来的；同时也说明这一带地区正是阿昌族先民即寻传蛮分布的地方，只是到唐代以后，他们中的一部分已逐渐向西流徙至澜沧江及其以西的寻传地区。从族称看，这个地区的阿昌族先民，也以寻传部落开始见诸史籍。这种历史迹象，证明古泸水附近的寻传部落与澜沧江以西的寻传蛮是同族，这当是无疑的。

四、元明清时期的阿昌族

在元代历史文献中，称阿昌族的祖先为“峨昌”“阿昌”。《元史·地理志》载：“其地在大理西南，澜沧江界其东，与缅甸接其西，土蛮凡八种：曰金齿、曰百夷、曰僰、曰峨昌、曰骠、曰渠罗……”“南赕，在镇西路西北，其地有阿赛赕、舞真赕、白夷、峨昌所居。”

这里所说的八种“土蛮”是元代金齿宣抚司

辖境的民族部落，分布于澜沧江以西与缅甸相连接地带。镇西路，今盈江县。其中的“僰”靠内，“峨昌”则散及全境，与“金齿”“百夷”普遍杂居。又《招捕总录》说：“至元十四年(1277)……时大理路蒙古千户忽都……奉命永昌之西腾越、蒲骠阿昌、金齿之末降部族，驻南甸……”

从这条史料来看，在当时金齿宣抚司所辖区域内，阿昌族祖先主要居住在今保山市、腾冲市、梁河县一带。蒲骠，在今保山市西南部；南甸，今梁河县；永昌，今保山市；腾越，今腾冲市。忽都奉命征伐永昌之西腾越、蒲骠一带地区的“阿昌、金齿之末降部族”，表明这一带地区的阿昌、金齿当不少，有一定的实力，从而引起元朝统治者的重视。

此外，上引史料也表明，现在的阿昌族名称，即“阿昌”，是从元代开始确定的。大约在元世祖至元年间，史称阿昌族的祖先为“峨昌”；到元成宗大德年间，就以“阿昌”来称呼阿昌族的祖先。“峨”“阿”同音异字。以后的文献中虽有写作“峨昌”“莪昌”“萼昌”的，但这只是音译的不同，都出于“阿昌”这个名称。

元代云南省西部阿昌族居住区域，大体包括大理等处宣慰司都元帅府所领大理路、永昌路、腾冲府、镇西路、茫施路和麓川路。这一带辽阔地区，大体与南诏时期寻传蛮生活和活动区域的范围相通，其北至怒江以西、高黎贡山地带，其余没有大的变迁。元代澜沧江以东仍有部分“阿昌”居住。

明代文献中对阿昌族有更明确的记载。《百夷传》载：“百夷在云南西南数千里，其地方万里……俗有大百夷、小百夷、漂人、古剌、哈剌、缅人、结些、吟杜、弩人、蒲蛮、阿昌等名，故曰百夷。”这里所说的“百夷”，可作两种解释：一是地域，即《百夷传》所说的“百夷即麓川平缅也”，为元代的麓川、平缅两路地，今德宏傣族景颇族自治州境；一是金齿地区内各少数民族的总称。

明洪武二十九年（1396），进士、同官行人

司行人钱古训、李思聪奉使缅国及百夷，归来后，写了《百夷传》，以作者亲历其境的所见所闻，记录了当地少数民族的历史、地理、社会组织、生活习俗的真实情况。其中，虽以大百夷、小百夷（傣族先民）为主要对象，但也涉及阿昌、蒲蛮（布朗、德昂族先民）、弩人（怒人，怒族先民）、结些（景颇族先民中的“喇期”支系），以及吟社（哈杜）、古剌、哈剌（佤族先民的自称或他称）、漂人、缅人等。明代初期，这些族群中除分布于今户撒、腊撒一带的部分阿昌族祖先外，其余大都因坝区大百夷、小百夷的兴起及统治者（土司）的压迫而逐渐退居山谷地带。明景泰《云南图经志书》卷六《腾冲司》载“居山野间”，又卷五《云龙州》载“散居山壑间”；清嘉庆《大理府志》卷二《地理志·风俗》载“散居山谷”。这些记载反映了阿昌族大多居住于山区。

又《滇略》卷九载：“阿昌，一名峨昌……杂处山谷夷、罗之间，听土司役属。”“里麻，与茶山接壤……土酋刀姓，亦以拒贼功授官，所辖皆峨昌夷。近其地亦为野人所夺，夺入内地赤石坪栖在。”

这里所说的“阿昌”，即分布于永昌、腾越境及其西南山间盆地“百夷”土司辖境山区。这个区域内有夷（百夷）、罗（罗罗），阿昌族祖先“杂处于夷、罗之间，听土司役属”。按，里麻，即明代里麻长官司地，在今缅甸克钦邦东北的江心坡；茶山，即明代茶山长官司地，在今江心坡东南的小江流域一带。均为峨昌夷居住地方。

至于澜沧江以东，即元代丽江路辖区的阿昌族祖先，到明代一般仍居于原地。明正德《云南志》卷十二《北胜州》载：“境内之夷七种：弥河白夷……峨昌诸蛮也。”

这里所说的北胜州（今永胜县）“境内之夷七种”，与《元一统志》所载大体一致。若再上溯至唐代，这一带地区的“峨昌”当是住居在诺水（今雅砻江）和磨些江（今金沙江）合流地带的寻传部落。

元明时期，澜沧江以东地区，正是彝语支中

的“罗落”（彝族先民）、“卢蛮”（傈僳族先民）主要分布区域之一，阿昌族祖先杂居其间。明代晚期，“僰人”（即“白子”，白族先民）移居大理府领云龙州者日益增多，阿昌族祖先一部分西迁，一部分逐渐融入僰人、卢蛮和罗落之中。又《大理府志》卷二《地理志・风俗》说：“龙其人，蛾昌夷也。”这也是指大理府属云龙州西部（澜沧江西岸之旧州领地）的阿昌族祖先，何以称“龙其”，不解其意，疑为他称。

唐宋的寻传蛮广泛分布于澜沧江以西辽阔地区，而元代的丽江路西部辖区也越过澜沧江与金齿宣抚司的东部相接，明代的大理府辖区也驻澜沧江西部的旧州，这些地区都是阿昌族祖先的活动区域。所以，在明代的文献中，仍有称阿昌族的祖先为“寻传蛮”的。如明景泰《云南图经志书》卷五《云龙州》载：“境内多蛾昌蛮，即寻传蛮。”

综观自唐宋迄元明，澜沧江以西直至丽水一带，同是彝语支、景颇语支所属各民族先民的居住区域。而文献中对这两个语支各族先民的称呼却各不相同，有记录其自称，有记录其他称，也有辱称。其中，唐代的寻传蛮显然是指阿昌族先民。见诸唐代以后载籍的，前面已略有引述。这里顺便指出，关于这方面的考察，也有将寻传蛮和裸形蛮（或野蛮）混为一谈的。其实，文献中的寻传蛮是与裸形蛮有别的。

《蛮书》卷四载："裸形蛮，在寻传城西三百里，为巢穴，或谓之野蛮。阁罗凤既定寻传，而令野蛮散居山谷。"按，寻传城，在今江心坡。裸形蛮居住地"在寻传城西三百里"，即祁鲜山以西广阔地区。所以《蛮书》卷六载"祁鲜以西裸形蛮也"，即今缅甸克钦邦境内的高甘山北部伊洛瓦底江上游地带。而祁鲜山以东则为寻传地区，寻传蛮多散居在这一带地方。

《蛮书》卷六载："丽水渡面（西）南至祁鲜山。山西有神龙河栅。祁鲜山以西即裸形蛮也。……南诏特于摩零山上筑城，置腹心，理寻传、长傍、摩零、金、弥城等五道事云。凡管金

齿、漆齿、绣脚、绣面、雕题、僧耆等十余部落。”按，丽水渡，在今达罗基（古丽水城）西面伊洛瓦底江（古丽水）东岸，由此渡丽水往西南至祁鲜山，其西为裸形蛮，其东为寻传蛮，中间还杂有金齿、漆齿等，相互杂居。这一带地方即唐代南诏丽水节度的辖境，阁逻凤西开寻传，设立统治机构，派心腹之人去管理。

在唐宋以后的文献中，寻传蛮和裸形蛮也是有区别的。比如《元混一方舆胜览》说：“野蛮散居寻传之西。”野蛮，即“裸形蛮”。《元一统志》残本《丽江路二州》说：“莮昌，古寻传也。”莮昌，即阿昌。明景泰《云南图经志书》卷五《云龙州》载：“境内多蛾昌蛮，即寻传蛮。”蛾昌，即阿昌，如此等等。

文献中关于寻传蛮和裸形蛮（野蛮）的记录，在分布区域、部落名称上并不混同；其社会发展，寻传蛮较裸形蛮相对进步，这与唐代以来的民族关系有关。当然，由于云南省西部地区各民族先民的分布地域是紧密相连的，复杂的地理环境条件，又使他们交错杂居，从而彼此间在生活习俗和语言诸方面也互有影响，因而古代文献中的记录也难免有混杂不清的地方，这需要民族史学者去仔细研究。但总的说来，他们分属于不同的部落族群，这是有线索可循的。其中，寻传蛮和裸形蛮显然不是同一民族部落，寻传蛮是阿昌族先民，裸形蛮是景颇语支先民（存在着一定争议）。且从南诏以后的古代历史来看，近代缅甸克钦邦境内克钦族祖先，与我国境内的景颇语支是属于同一语言族系的民族部落。

清代前期，文献中仍明确记载着今云龙县境居住着阿昌族的先民。清雍正《云龙州志》卷五《风俗·附种人》载："阿昌，具以喇为姓，受土官约束。……秋末农隙，腾、永背盐者多此类。"又卷三《疆域志·附形势》载："赶马撒，自旧州迤北三十里至苗委山，转西，越涧攀崖三十里，至汉洞寨，接邻浪宋，又三十里至赶马撒，亦阿昌族种彝八十余家。西北为鲁戛……漕涧，在州治之西南，平坦开阔，中分四寨，为早竹、为苗

丹、为丹梯、为戛窝。早竹负雪冲之下，汉、彝托处为多，昔段进忠尝据此。余寨相去五六里不等，俱阿昌彝种，约数百家，其人略驯，勤耕作。西过潞江，乃茶山野人界……”按：腾，今腾冲市；永，今保山市（古永昌）；土官，指云龙州白族土司段进忠；旧州，云龙县旧州，在澜沧江西岸，今名相同；赶马撒，在今泸水市境，其时属云龙州；漕涧，今云龙县漕涧区。清代前期，这些地区仍有阿昌族祖先居住，皆称为“阿昌”。

近代，云龙县境内的阿昌族，虽大部分已迁徙，或融合于汉族和白族之中，但在少部分地区，如漕涧坝子周围的村寨和旧州的阿昌寨等地，至今仍有阿昌族后裔2000多人，他们在语言上和心理状态上都保留着本民族的特点。在他们使用的汉语或白语中，仍保留着若干阿昌族语言的成分。如：水牛称“磊”，水牛打滚的水塘称“磊纳江”；黄牛称“诺”，黄牛跌死的山坡称“诺扎岩”；麻雀称“丹格支”；野猪称“扎米”，野猪多的山谷称“扎米冷”；等等。漕涧地区的一些山名、地名，也保留着阿昌族语言的称呼，如东山称“干那整”、西山称“陆米整”、南山称“乌麻整”等等。表明在人们的日常生活中，阿昌族语言并没有完全消失。

在云龙县西北部澜沧江上游地带，即今云龙、兰坪和泸水三县交界地区以及靠北的兔峨和大峨地，再往西至泸水的赶马撒和老窝，这一大片地区一直被称为浪宋诸村，也就是著名的古浪峨地，留下了许多用阿昌族语言命名的村寨，如早阳、柯立、老末、桑岔、汉峒等。境内的孟帕山，阿昌语含义为“阿昌人父亲的山”；密吾山，阿昌语含义为“火种山”；赶马撒为“戛蒙撒”的变音，至今仍为阿昌族居住的地方。

清代永昌府全境皆有阿昌族分布，包括保山县、腾越州和府属各“百夷”土司地。在保山县西境怒江沿岸，旧时所称的“十五喧”“二十八寨”之中，“早纳喧”“蛮旦喧”以及“罗明”“罗古”“罗版”等3寨，均属于阿昌族向西迁移过程中的定居点。清乾隆《腾越州志》卷十一记

载了阿昌族分布于户撒、腊撒地区的情况：“阿昌，一名峨昌……今户（撒）、腊撒、陇川多有此种。”又清嘉庆《重修一统志》腾越直隶厅条载：“户撒长官司……与腊撒俱峨昌夷地。”由此可见，清初，阿昌族已是今德宏傣族景颇族自治州户撒区的主要居住民族。自明正统年间置左哨把总，清乾隆三十四年（1769）各设户撒、腊撒长官司后，深受汉族、傣族等民族的影响，成为阿昌族中的先进部分，是清代阿昌族人口最为集中的一个地区。

文化习俗

随着历史的发展，西南地区的民族部落又不断分化。直至唐初，出现了许多不同名号的部落，其中与藏缅语族缅语支各民族有渊源关系的有僰、叟、摩沙、爨等。阿昌族作为缅语支民族之一，在民族来源方面，亦当与唐代以前的这些部落族群有着渊源关系。

大约在5世纪后，居住在今天云龙的阿昌族

祖先，其母系氏族原始公社已经解体，以家长制家庭公社为基础的，无官职、无赋役的早期农村公社的社会组织形式已经形成。村社内各个不同姓氏的家族长共同组成村社议事会，他们都是德高望重的老人，负责管理村寨的土地，安排并领导全村人的生产，商讨并决定全村寨的各种事务，诸如管理居民的迁入、迁出、婚姻、丧葬、宗教祭祀以及调解纠纷等。

各相邻村寨又组成地域性部落。据传云龙地区阿昌族有名的部落酋长早概曾经战胜了“蒲蛮”部落酋长底弄，成为云龙地区各部落的首领。此时，阿昌族的原始旱地农业有了进一步发展，畜牧业也很兴盛。社会生产力提高，产生了财富占有的不平衡，开始了阶级分化。从早概开始，制定了“铁印券”，并规定“无券不得擅立”，又定“酋长以长子继承”，把部落首领的选举制改变为世袭制。阿昌族进入阶级社会。

早概以后，六七世纪，随着阿昌族社会生产力的发展，阿昌族力量日益强盛，有“地拓民

众”“各夷皆供服”“岁供物产以为常”之说，俨然有一方之君主的气派，盛极一时。与此同时，商业也发展起来了。

阿昌族在社会发展进程中也经历了原始社会的漫长时期，从唐代以后的文献中的片段记录来看，在原始时期，阿昌族的先民为了生存，衣食的来源主要依靠采集、狩猎取得。《蛮书》卷四载：“寻传蛮，阁罗凤所讨定也。俗无丝绵布帛，披波罗皮，跣足，可以践履榛棘。持弓挟矢，射豪猪，生食其肉，取其两牙双插髻旁为饰，又条猪皮以系腰，每战斗即以笼子笼头如兜鍪状。”这里大体可以看出当时“寻传蛮”依靠狩猎来取得生活资料的情景。

据《蛮书》卷四记载，寻传地区散居于山谷的寻传蛮妇女“入山林，采拾虫、鱼、菜、螺蚬等归啖食之”。表明那时采集经济在人们的经济生活中的重要作用。由于史料缺乏，我们不可能知道那时寻传蛮采集生活的详细情况。但如果结合现代阿昌族社会调查资料中描述的采集活动，也可以看到1000多年前采集在阿昌族先民的经济生活中的意义。

社会发展

在唐宋元时期，寻传蛮内部发展不平衡。一般说来，澜沧江以东即今云龙县、兰坪县、丽江市、永胜县一带，由于靠近南诏、大理腹地，在经济生活方面较快地接受了先进民族的进步因素。同时，永昌（今保山市）、越赕（今腾冲市至德宏州一带）的部分寻传蛮也因长期与金齿、蒲蛮杂处，改进了生产技术，从事种植稻谷（主要是旱谷），发展农业生产，逐渐改变了经济生活中的原始落后的因素。在八九世纪，与永昌、大理之间的通商已经很频繁，内地的先进生产技术和铁制农具也不断传入，进一步促进了云龙地区阿昌族社会的发展。

继南诏之后的大理国地方政权，据说曾经派遣使者招抚云龙地区的阿昌族。10世纪左右，大理王段氏派人到阿昌族地区，阿昌族接受了大理

王的安抚，两地的两民族间建立了一种臣属关系。因此，在经济上加强了商贾往来，特别是大理地区的商人，很多到云龙做生意，有些长期留驻在阿昌族地区的商人，除了做生意外，还教会了阿昌族种植水稻的技术，使阿昌族农业年年获得丰收。并且，阿昌族臣服于大理国之后，开始学会了历法，而历法与农业生产有着密切的关系，因此也大大地促进了阿昌族的农业发展。

随着阿昌族社会政治、经济的发展，云龙地区的阿昌族形成了强大的部落。10世纪以后，云龙地区与永昌、腾越等地的经济、文化联系更为密切。云龙阿昌族逐渐向今保山、腾冲、梁河、陇川等地迁徙，同时内地的汉族与白族人民也不断地迁居到云龙地区与阿昌族杂居。阿昌族接受了汉族和内地人民的先进文化，并在长期的历史进程中，发生了民族间的自然融合。

明初，沐英、王骥等明朝将领先后奉命西征麓川，在此期间，内地大批汉族军匠以及商人也随同军队迁至云龙地区。当时阿昌族早家（阿昌语“早”义为“官”）任用客家李贯章（汉族)、段保（白族）二人代治政务。自此时始，“用书记，教人识字”。与此同时，漕涧土司（阿昌族）也任用江西人刘蔡乙，南京人李某、何某辅佐政治，从而逐渐汉化，并改称为左姓。明洪武十六年（1383）左纳率部归顺，沐英题授其为漕涧土千总。另据《早陶墓碑》记载：明初阿昌族头人早纳带领300余户从茶山迁来。1383年，明廷赏赐土千总。衙署设在漕涧（早竹村)。早纳十四代孙早万相承袭时，云龙发生白族土酋段进忠的叛乱，早万相因计献逆首，平息内乱，于1619年被赐姓为左，这就是漕涧阿昌族土司由早姓改为左姓的由来。为感恩朝廷，强令“九姓改左”（喇、早、木、孟、陆、刁、赵、林、宋等九姓改为左姓)。洪武年间，明太祖敕赐段保为云龙州掌印土知州，至此，阿昌族降为被统治民族，受汉族、白族统治者的压迫、排挤，造成“夷日困，或死，或迁，客民多，夷渐少”的社会状况。因此，这一地区阿昌族不断大量地向西南迁徙，

逐渐迁至德宏州境内，渐失其本土。他们广泛分布在保山、腾冲、梁河等地，与当地的汉族、傣族、景颇族、德昂族、傈僳族等族相杂居。

明朝统一中国后，为了加强对云南地区各族人民的统治，洪武二十一年（1388），明将沐英奉命发兵麓川。沐英占领户腊撒地区后，把该地区划为自己的私庄（沐氏勋庄），但并没有改变原来的村社组织形式，只是对原来的村社首领加以封委，并派上几名亲信管事上情下达，即把村社组织变为封建主统治的基层单位和保证村社成员缴纳赋税和摊派封建负担的组织。原来的村社自由民变成了沐庄的集体佃户。

永乐年间，明王朝先后在今德宏州北部及西北部地区设立了茶山、里麻两长官司，加强了对这些地区的统治。正统年间，明将王骥三征麓川，撤销了麓川平缅宣慰司，在德宏地区设立了八土司，阿昌族地区分别在干崖、南甸、勐卯和潞江诸土司的管辖之下。王骥又分封他的下属军官赖罗义和况本为武职把总，分别掌管户撒和腊撒地区的军事。此项武职，是父子相袭，并且实行军屯和招民开垦。当时阿昌族人民便成为该军屯范围内的部落民，除向把总缴纳赋税及履行一切封建义务外，还要服兵役。由于王骥远在昆明，不便控制，于是该武职日久坐大，明朝不得不封其为土司，成为世袭领主。原先赖、况两家本是汉族，至清代，为了便于统治当地人民，所以和附近干崖、陇川诸傣族土司联姻。

清朝时期，对云南少数民族地区的统治承袭了明代的土司制度。清初，吴三桂把户腊撒地区改为自己的“勋庄”；康熙三十一年（1692），清王朝废除“勋庄”，变卖吴三桂“勋庄”的土地。原先赖、况两家土司以土著人的资格全部买下，并于康熙三十五年（1696）复任世袭长官司。雍正二年（1724），土司因罪被革职，户腊撒地区归腾越州管辖；至乾隆三十五年（1770），该区土司从清将傅恒征战有功，进京乞请复归旧职，清朝廷批准了他的请求，土司同时出钱以买土之名，赎回户腊撒，使之成为“爵土兼私土”，于

是加强了对阿昌族人民的残酷剥削。

居住在南甸土司辖区内的阿昌族，则向傣族封建领主土司缴纳贡赋。同时，一半以上的农民沦为附近汉族、傣族地主的佃户，遭受双重剥削。

近代至中华人民共和国成立后，大部分阿昌族定居于德宏傣族景颇族自治州陇川县的户腊撒坝，梁河的曩宋、九保以及芒市的高埂田一带。在德宏地区，阿昌族受南甸、干崖、户撒、腊撒诸土司的统治；在腾冲、云龙一带的则受明光、漕涧诸土司的统治。那里的土司统治制度不同于其他地区，各土司没有统一的最高领袖（宣慰），而是各自独立，互不统属。因此，如果政治上一旦发生矛盾，各土司往往会势不两立，互争长短；反之，则互相支持，互为利用。有的则世代联姻，结成比较牢固的封建统治集团。直到中华人民共和国成立前，南甸、干崖、芒市诸土司已成为德宏地区强有力的人物，其中南甸土司被尊称为“十司之长”。

民国时期，国民党云南地方军阀政府在边疆

地区，也包括梁河、陇川等阿昌族聚居地区，设置了弹压委员、行政委员、设治局，改土司行政区为县治，推行保甲制度，企图改土归流，但国民党反动派不得人心，也控制不了土司，于是形成了土司制度与保甲制度并存的局面。直到中华人民共和国成立前夕，阿昌族人民一直在封建领主、地主以及国民党地方统治者的残酷压迫下，世世代代过着当牛做马的屈辱生活。

1943 年，户撒阿昌族人民再也忍受不了土司的压迫，举行了大规模的起义，捣毁了土司衙门，土司逃跑到陇川。户撒土司凭借陇川土司的帮助，组织武装反扑，混战达 5 天之久，当地人民遭受巨大损失。1950 年，德宏和平解放前夕，因户撒土司无理吊打亲兵，全体土司兵与人民联合，又举行大规模武装起义。在这次斗争中，起义队伍不仅杀死了土司之弟盖万忠，还杀死了老土司盖炳铨，震动了整个德宏地区。正当腾龙沿边十土司准备联合组织力量进行镇压时，人民解放军已来到了保山，户撒阿昌族人民终于取得了彻底的

胜利，推翻了长达500多年的土司统治。

与周边其他民族的关系

在长期的生产生活中，阿昌族与其他各族人民进行着密切的联系和交往。

明清时期汉族移民以军屯、经商等方式大量进入滇西南地区，对阿昌族的发展及当地民族关系产生较大的影响。为征讨麓川，明朝先后设置了金齿卫、腾冲卫（后改为金齿军民使司、腾冲军民使司）等军事卫所，并组织官军，屯田固守，筑城驻守腾冲。久而久之，部分汉族官兵落籍下来，成为汉族移民，其中有不少因与阿昌族和其他民族通婚而发生融合，史料记载“明王骥征麓川，随征军人有留居者安插其地。历年既久，军人子孙而变为夷焉”。在户撒、腊撒地区，至今仍有部分阿昌族自称其祖先是从南京应天府而来。

清雍正《云龙州志》卷五记载：“阿倡俱以喇为姓，性驯顺，受土司约束……其种散处浪宋、漕涧、赶马撒之间。秋末农隙，腾永背盐者多此类。”明代云龙州有著名的宝丰盐井洛马井（又称雒马井），改土归流以后大量汉族盐商进入云龙州境内，促进了当地盐井的大规模开发，清初有“云龙八井”之美誉。部分盐商在云龙定居下来，繁衍子孙，成为当地旺族。盐业的兴盛带动了阿昌族等民族，他们也积极加入到这类经济活动中，在秋末农闲时节从事食盐的贩运。清光绪《云龙州志》卷四载：“漕涧，……早竹负雪冲之下，汉夷托处为多，五井盐□□来此销售，各商贩俱集于此。”可以看出，清末，在阿昌族与汉族杂居的漕涧早竹成为食盐的交易中心。

一、阿昌族和景颇族的关系

阿昌族和景颇族在族源上关系密切。在阿昌族和景颇族的民间，均传说阿昌与景颇原为兄弟，后阿昌多受汉族影响而发展成为近现代的阿昌族。明清时期阿昌族尚处于不断分化和融合的过程中，直至近现代这种分化和融合才产生出明显的结果。居住在今漕涧、保山、腾冲、户撒、腊撒、梁河、

盈江、陇川等坝区的部分阿昌族人受汉族、傣族等民族影响较深，发展为阿昌族；而长期居于山区的阿昌族人，因地理环境相对封闭，社会发展缓慢而保留了各自的传统特点，发展为景颇族中的不同支系。结合中华人民共和国成立后 1953 年起进行的民族识别调查，明清时期的阿昌族人应包含近现代阿昌族和景颇族载瓦支系、龙峨支系、腊期（茶山）支系的先民。因此，可以说阿昌族与景颇族载瓦支、龙峨支、腊期（茶山）支具有同源异流的亲缘关系。

二、阿昌族与蒲蛮、百夷的关系

据《云龙记往》记载，阿昌族进入云龙应始于宋元时期，早于汉族。而阿昌族大量进入云龙则在明代，《段保世职传》记载说，明代“大理诸部，赋役繁重，避而来者日益众，乃大开田亩”；云龙等地的盐业开发同样吸引了部分白族先民流入云龙境内，成为附井居民，与阿昌族等民族杂居共处。

明清时期，阿昌族与蒲蛮、百夷毗邻杂居。尽管仍在一定范围内通过实行民族内婚等形式来保持本民族的民族特性和民族意识，但在生活习俗方面，已形成了你中有我、我中有你的景象。景泰《云南图经志书》卷五《云龙州风俗》记载："境内多蛾昌蛮，即寻传蛮，似蒲而别种"，"蛾昌与蒲蛮杂处，而婚娶不杂，惟求其同类而已"。明正德《云南志》卷四十二《外志·诸夷传百夷》载："阿昌，……男子衣帽类百夷，但不髡首黥足，及语言为异。妇人以花布系腰为裙，胫裹青花行缠，余与蒲妇同。"尽管没有本民族文字记载，峨昌（阿昌）与周边各少数民族之间大量、鲜活的交往和交流活动也未受到汉族史家太多的关注，但透过汉文记载的只字片语并结合中华人民共和国成立后进行的民族调查我们依然可以看出，峨昌（阿昌）与其他各民族之间在经济、文化方面存在着密不可分的关系。

阿昌族特色文化

一、阿昌族的语言文字

阿昌族语言属汉藏语系藏缅语族缅语支，与缅语、景颇族的载瓦语、浪速语、茶山语比较接近，同属一个族系。阿昌族历史上没有形成代表自己语言的文字。梁河、芒市地区的阿昌族使用汉文，陇川地区的阿昌族则使用汉文和傣文。阿昌族可分为三个方言区，即陇川方言、梁河方言和芒市（原潞西）方言。三个方言区各自成片，长期以来彼此交往很少。加之受到所邻近不同外族语言的影响也各不相同，所以在发展过程中各自表现出一些不同的特点。总的来看，阿昌族方言之间的差别主要表现在发音和词汇上，其语法差别较小。各片区的阿昌族间相互通话困难，不同方言区的阿昌族之间交流通常借助汉语。

陇川方言：主要分布在陇川县户撒阿昌族乡朗光村公所，以腊姐大寨为代表，因受傣族和佛教影响，有较多的傣语和缅语借词。

梁河方言：主要分布在梁河县九保和曩宋阿昌族乡，以曩宋乡关章语为代表。梁河阿昌族与汉族长期杂居，故梁河方言借用了较多的汉语成分。

芒市方言：主要分布在芒市的江东乡及保山地区的腾冲、龙陵两地，以江东乡高埂田语为代表。芒市方言与梁河方言比较接近，与陇川方言区别明显。

历史上的阿昌族没有文字，普遍使用汉文和傣文，梁河、芒市两地阿昌族多使用汉文；陇川户撒、腊撒阿昌族既使用汉文也用傣文，傣文主要用于宗教领域。早在明清时期，阿昌族就开始使用汉文记事，户撒、腊撒地区的佛寺、奘房（佛寺）和墓地，云龙、梁河、腾冲的家谱、契约、碑刻中保存了大量清代和民国时期的汉文碑刻。

二、阿昌族的居住习俗

阿昌族所处的地理位置为滇西高山峡谷区，

主要居住在亚热带季风气候的半山半坝区，森林覆盖率比较高，海拔1000～2000米，适宜种植水稻、玉米、小麦、油菜、茶叶等经济作物，也能发展林业和畜牧业。

阿昌族村寨多建在坝子边缘的山麓上，背靠山坡，面向稻田，靠近山坡的一侧叫寨子头，靠近田坝的一侧叫寨子脚，另外两侧叫寨子边，寨子中央叫寨子心。村寨人口通常居住在寨子脚和寨子边，一般设有寨门。寨门简陋，并不具有防御功能，是一种象征性的门，是村内与村外的分界线，主要用于迎亲送客。

阿昌族村寨宗教色彩浓厚，宗教建筑繁多。寨子通常设有祭坛，分别供奉着寨神、寨心神、井神。户撒、腊撒阿昌族地区由于普遍信仰小乘佛教，多数村寨都有奘房。它是僧侣生活和布道讲经、信徒从事宗教活动、村民聚会、青少年学习传统文化的场所，通常建在寨子头或寨子边较为空旷的地方，也有建在寨子中央的。有些村寨除了奘房外还有佛塔。

阿昌族民居建筑多为穿斗式木结构房，外围砌没有烧制的土基墙，屋顶为悬山式结构，盖黑瓦。房屋内各房间之间用木板或篱笆分隔。阿昌族民居通常是“一正两厢”的宅院式结构，有一间正房、两间厢房和用围墙围成的一个院子；也有“一正两厢漏角”围成的四合院，楼房建筑结构和用途与厢房一样，其位置在正房的对面，朝向与正房相对。宅院周围有一块较小的菜地。正房是落地式结构，地基比院子高一二米，正房分为 3 个区域 6 个房间。中间是堂屋和门厅，一侧是已婚夫妇和未成年女子的卧室，另一侧是厨房和储物间。也有的将厨房和储物间设在厢房，正房两侧的房间均做卧室。堂屋中间一侧设有火塘，后部设有供桌和“家堂”。“家堂”从左到右依次供奉列祖列宗、天地君亲师、灶君排位。厢房是干栏式结构，一般 2 层，下层多用来关牲畜、家禽，堆放农具或做粮仓；上层作为未婚子女的卧室、客房或堆放稻草。庭院的大门不能对着堂屋，通常设在厢房的位置。厨房里有 1 个双眼灶台，

分别放置2口大铁锅，一口锅烧饭炒菜，一口锅煮猪食。一部分家庭厨房既有沼气灶又有双眼灶，煮饭炒菜用沼气灶，煮猪食用双眼灶。

三、阿昌族的服饰

阿昌族服饰在其历史发展过程中，在继承传统的基础上，有着不同程度的变化，既有丰富的文化内涵，又有鲜明的民族特色，不仅反映出阿昌族传统的审美情趣，还隐含着本民族历史文化的沉淀，记录着本民族社会历史的发展和变迁。受地理环境的影响有户撒服饰、腊撒服饰、梁河服饰、芒市高埂田阿昌族服饰和龙陵龙川镇蛮麦村“曩瓦”（小阿昌）支系服饰5种。因年龄段的不同，又分为未婚、已婚、中年、老年4种。无论如何划分，阿昌族女性的服饰都包括包头、上衣、筒裙、花腰带、围裙、绑腿和围巾等。户撒阿昌族女子服饰深受傣族服饰影响，与盈江、芒市地区的傣族服饰相似。未婚女子上身穿粉红、浅蓝、浅黄、玫红色上衣，下身穿深色长裤，头发用辫子和红色毛线盘成盘状，戴绢花，系围裙和绣花腰带，领口戴黄铜孔雀，纽扣缀有银链，手戴纽丝手镯和黄铜手镯。少妇上身穿着及饰品与未婚女子服饰基本一致，但下身穿两层褐色筒裙，腰系围裙和绣花腰带，挂银链子，小腿扎绑腿，头包藏青色包头，并顶一方巾。老年女性服饰款型与少妇服饰相同，但没有装饰品，衣服颜色较深，多穿蓝色和黑色衣服。芒市、龙陵、腾冲等地区阿昌族女子的服饰属于户撒型。

腊撒阿昌族各年龄段女子均穿黑色自织土布衣裙，上身穿半袖黑色对襟衣，下身穿 2 层黑色筒裙，小腿扎彩色绑腿，头顶黑色盘状包头，戴 3 个银质大项圈，耳朵戴半圆形银耳筒，手腕戴一对泡花银手镯和一对纽丝手镯。腰间挂银链子、银石灰烟盒、银梭子，白色或玫红色帕子。上衣袖口套白色或蓝色袖套，领口钉 4 个带链子的钱币状银纽扣，胸口戴毛线编织的花朵，包头上插银簪子、银喜鹊、红绿宝石花、毛线球、绢花等饰品，项圈上缀彩色毛线球。腊撒女子不同年龄

段的服饰通过包头的样式和装饰品的多少来区分。未婚少女和少妇的服饰差别非常小，仅包头有一个高低位的差别。少妇的包头底部多了一圈竹壳，因此包头稍高一点。年轻人与老年人的包头差异在于年轻人的包头后面缀一条长穗，老年人的包头没有缀穗。老年人着装比较朴素，一般不戴首饰和花朵。梁河未婚女子的服饰与户撒型一样，但已婚女子的服饰比较独特：少妇上身穿粉色、淡蓝色等颜色鲜亮的对襟上衣，外加一银泡马甲；下身穿抠花筒裙，腰系围裙和绣花腰带，小腿裹绑腿；头顶黑色高包头，包头大多左侧还垂挂四五个五彩毛线球，戴大耳环，手戴纽丝银镯。

阿昌族男子服饰简单、朴素且美观，各聚居区阿昌族男子服饰的面料、款式大体相同，上衣是窄领对襟衣，黑色长裤各地区略有不同。腊撒地区男子上身穿褐色衣服，下身穿大裤脚的长裤，头包褐色或黑色盘状包头，青壮年打包头时总要留出大约 40 厘米长的穗头垂于脑后，戴银项圈，胸口佩戴一朵色彩斑斓的编织毛线花，腰间佩银刀。户撒阿昌族青年男子上身穿天蓝色衣服，下身穿大裤脚长裤，头戴毡帽，腰间佩皮套或银鞘镏子刀；老年男性穿褐色衣裤。梁河地区阿昌族男子上身穿浅蓝色衣服，下身穿褐色窄裤腿长裤，小腿扎绑腿，头戴带状包头，包头和胸口用彩色毛线球装饰。

四、阿昌族的婚姻

阿昌族的婚姻制度是以个体经济为基础的一夫一妻制，有家庭组织。历史上，阿昌族婚姻的原则是严禁同姓氏通婚，主要是家庭外婚，民族内婚。明景泰《云南图经志书》卷五《云龙州》说："蛾昌虽与蒲蛮杂处，而婚娶不杂，惟求其同类而已。"历史上阿昌族社会存在夫兄弟婚，即：兄死，弟娶其嫂；弟死，兄纳弟媳。转房制建立在婚姻双方同意的基础上，若兄或弟已有妻子，还必须经三方同意，才能达成婚姻关系。按照阿昌族过去的习惯，丈夫死后，寡妇不得随便改嫁；只有在夫家兄弟不愿意接受转房时，寡妇才可以

改嫁他人。改嫁必须征得亡夫家族的同意，外嫁时所得彩礼，全归亡夫家所有，寡妇如果不愿在夫家转房，也不愿外嫁，仍然可以留守夫家。

另外还有“换亲”的习俗，即双方父母为了节省钱财，各将自己的女儿嫁给对方的儿子，婚礼可以从简，这种情况一般发生在无力支付娶亲所需费用的穷苦人家。除此以外，还有招赘的习俗。阿昌族结婚按长幼顺序进行，先大后小。兄弟姐妹间，若年幼者要先于年长者成婚，必须给哥哥或姐姐一笔“跨头钱”，以示道歉和补偿。阿昌族青年把被“跨头”视为一种羞辱，甚至会耿耿于怀一生。随着社会的发展，多数制度已不复存在，现今阿昌族的婚姻制度已有很大改变。

五、阿昌族的重大节日

户撒、腊撒每年农历九月初十至十五期间逢赶集日举行“阿露节”，又称“会街”，会期2~3天，是迎接佛祖“哥达玛菩萨”（乔达摩·悉达多）归来的宗教盛会。节日期间要舞青龙白象是

“阿露节”最隆重、最精彩的节目。阿昌族常视青龙白象为吉祥幸福的象征。梁河、腾冲等地每年农历正月初三、初四举行“窝罗节”。“窝罗节”是纪念阿昌族创世始祖遮帕麻和遮米麻的恩德，迎春纳福，祭祀天神，祈求国泰民安的全民性节日。节日的主要内容是唱诵创世史诗《遮帕麻和遮米麻》，跳“窝罗舞”，唱“窝罗调”。1993年5月20日，德宏傣族景颇族自治州第九届人大常委会第三十次会议通过了《关于同意阿昌族节日名称和时间的决定》，将户撒、腊撒的“阿露节”和梁河、腾冲等地的“窝罗节”统一为“阿露窝罗节”，于每年的公历3月19~20日举行，节日时间为2天，节日标志为青龙、白象和弓箭。“阿露窝罗节”成为阿昌族最隆重的节日。另外，户撒、腊撒地区信仰南传佛教的信徒还要庆祝浴佛节、进洼、出洼、舍黄单、烧白柴、佛塔摆等隆重的宗教节日。除此之外，阿昌族还有火把节、烧包节、尝新节等节日和与汉族一个时间的春节、清明节、端午节等等。

六、阿昌族的宗教信仰

阿昌族在历史发展的长河中，与诸多民族自然融合。明清时期，由于长期与白族、汉族、傣族交错杂处，交往密切，不断融合于其中。明正统年间，朝廷发兵三征麓川，30 万大军进入云南，屯守军伍在战争结束之后，流散兵丁脱离军籍，长期与各族人民相处，后代多转化为土著。沐英镇滇时，户腊撒变为沐氏勋庄，设赖氏和况氏土司掌管，汉族屯丁大量进入该地区与阿昌族人民共同对沐氏庄园经营垦殖。在与阿昌族长期密切的交往中，这些汉族屯丁的后代大部分逐渐融合为阿昌族。

在阿昌族的社会历史发展中，因受汉族、傣族、傈僳族等民族文化的影响，其宗教文化比较复杂。首先，各家各户仍然保留着传统的宗教信仰，例如，祭山神、祭水神等自然崇拜，祭高堂、祭祖坟等祖先崇拜，祭寨神、家鬼等鬼魂崇拜等等。生产和生活中的各种事件都离不开传统信仰，现今，我们还能从各个村寨百姓的祭祀习俗和禁忌中看到传统信仰崇拜的痕迹。自明清以来，南传佛教、道教和北传佛教传入后，与阿昌族的原始宗教经历了碰撞、融合、发展的阶段，形成了南传佛教、道教、北传佛教和传统信仰并存的现象，例如户撒境内，不但有奘房、佛寺、皇阁寺、观音寺，家家户户还供奉着灶神、祖宗、财神等。长期以来，南传佛教、北传佛教、道教相互融合，从而形成了多种宗教并存的局面。

从地域上看，户撒、腊撒地区的阿昌族普遍信仰南传佛教，同时还保留着本民族的传统宗教信仰的残余，多元宗教交融互渗是户撒、腊撒地区宗教信仰最突出的特点。梁河、芒市、腾冲、龙陵、云龙地区的阿昌族主要信仰传统宗教和汉传佛教，其中传统信仰占主导地位。

七、民间文学

阿昌族民间文学是阿昌族人民在长期的劳动和生活中创作并在民间世代相传的口述文学作品。

阿昌族的民间文学与阿昌族人民的社会生产生活息息相关，形象生动地向我们展示了阿昌族从古至今的社会生活画卷，集中反映了阿昌族人民的民族心理、宗教信仰、风土人情、审美观念和艺术情趣等。特别是神话、传说、民歌等，为我们认识阿昌族早期社会生活提供了生动、形象的材料。阿昌族民间文学大多以轻松的讲故事的方式，讲授传统哲理故事，旨在传承本民族文化，把真善美与假恶丑的理性思考寓于故事情节中，深入浅出地发挥教育作用。通过故事，把阿昌族祖先创业的艰辛以及他们所取得的经验和丰功伟绩，形象地展示在子孙后代面前；用阿昌族在长期社会生活实践中形成的独特而稳定的风俗习惯、伦理道德观念及价值取向等，年复一年地对后人进行教育，潜移默化地培育子孙后代对本民族的认同感以及对家乡山川风物的热爱之情，培养出阿昌族诚实正直、勤劳勇敢的民族性格。从这个意义上讲，阿昌族民间文学具有鲜明的民族烙印，是维系民族精神的纽带，对阿昌族的生存和发展有着不可替代的作用。

阿昌族民间文学丰富多彩，形式多样，主要有神话史诗、民间故事、民间传说、民间歌谣、谚语、谜语、歇后语、喜剧等。这些形式大都为阿昌族人民所喜闻乐见，经历了千锤百炼，具有旺盛的生命力，脍炙人口，虽然历尽沧桑却经久不衰。

其中，创世神话史诗《遮帕麻和遮米麻》是在阿昌族中流传最广、最具代表性的古老神话。它是阿昌族先民智慧的结晶，是阿昌族民间文学的瑰宝。2006 年 5 月 20 日，《遮帕麻和遮米麻》经国务院批准列入第一批国家级非物质文化遗产名录。《遮帕麻和遮米麻》是阿昌族目前保存最完整、篇幅最长的创世史诗，在阿昌族民间影响十分深远。从内容上看，它既是一部创世史诗，也是一部原始宗教诵词。史诗全长 1400 余行，约 1 万字。由创世、补天治水、妖魔乱世和降妖除魔 4 部分组成，每部分又分成数折，每折讲述一个神话。

除此之外，还有讲述一部分阿昌族从南向北

迁徙的《勐撒洞的传说》；讲述明军在户撒驻扎及繁衍，并与当地地方势力斗争的《皇阁寺的传说》；讲述汉族移民与阿昌族女子成家后子女传继阿昌族习俗，“讨夷婆变夷人”后融入阿昌族的《关璋唱水的传说》；讲述唐宋时期阿昌族先民在大理地区的权力更替和政治纷争中的故事的《早概》；等等。

八、阿昌刀

阿昌刀，又称户撒刀，是阿昌族著名的传统铁制手工艺品，也是阿昌族引以为荣的物质文化瑰宝之一。如黑长刀、花钢刀、腰刀、背刀、藏刀等等，历史悠久，早已驰名中外。其渊源可追溯到1000多年前的唐朝南诏时期或稍早一点，那时候的“三浪诏”之“浪人”所打“浪人剑”，就是后来户撒刀的前身。明洪武年间，沐英率军屯戍户撒、腊撒时，屯军户撒的明代军士们，随着社会的发展逐步融合于当地阿昌族之中，同时也把兵器刀、剑的先进生产技术带到了阿昌族地区。之后，在长期的生产实践中，阿昌族继承和发展了以刀具为主的锻铁手工业生产，阿昌刀从此成为滇西各民族群众生产生活的重要工具和防身御敌的重要武器。

阿昌族打制的阿昌刀，其刀质制炼极精纯，具有锋利、坚韧、美观、耐用而富有民族特色等特点，素有“柔可缠指，剁铁如泥”之美誉。户撒刀刃口无比锋利，在刀刃上放一根头发，用嘴一吹，头发即可断为两节。将毛巾之类的物体向上抛起，迅速抽刀，可把正在下落的物体斩为两段。阿昌刀生产工序分为五个步骤：一是选料，第二次世界大战前因钢铁稀缺多以毛铁为主，二战以后多用废弃旧钢材或新钢毛坯。二是锻打，将选用的材料反复过火锻打加工成各式刀型。三是开槽修饰，在刀叶上根据用途拉槽、雕饰。四是淬火，当刀具初步成型后，阿昌族技师对打制修饰好的半成品刀具反复进行淬火处理，目的是使刀叶的刚性与韧性达到最佳状态。淬火技术的高低，决定刀质量的好坏，淬火技术便是阿昌刀

的核心技术。五是刨光，对经过锻打、开槽修饰、淬火处理等重要工序之后的刀具进行刨光处理，然后根据刀的品种和型号配上相匹配的适合的刀把和刀鞘。每一把上乘的阿昌刀都要经过若干阿昌族技师的协作，若干道工序，最后才成为一把合格的阿昌刀。但凡讲究信誉的阿昌族技师，往往在锻打阿昌刀时，都要在刀上打上自己的印记，刻上自己的商标，借以保护自己手工艺的名声。入选第一批国家非物质文化遗产名录的阿昌族户撒刀锻制技艺，说明户撒刀不仅属于阿昌族，同时属于中华民族共同遗产。

九、活袍与非物质文化遗产

活袍一词是阿昌语的音译。活袍是阿昌族宗族祭祀活动的祭司，也兼有经师的性质。在阿昌族传统民间信仰中，经师和巫师是有区别的。从称谓上说，经师称“袍”或“活袍”，巫师称“撇”或“巫袍”。从等级上说，经师是祭司，属最高等级，主持送葬、祭祖、祭谷神、祭寨神、祭棒头鬼等较为重大的祭祀活动，所念祭词的难度很大，在祭祀中要会吟诵创世神话史诗《遮帕麻和遮米麻》的重要章节；巫师是一般祭祀人员，只掌握一般的卜卦祭祀方法和简单的祭词，主持送琵琶鬼、毛虫鬼及“开门送歹”等日常生活中较小的祭祀活动。

活袍作为阿昌族传统民间信仰的最高祭司，能通人通鬼通神，凡送葬、祭祖、祭谷神、祭寨神、祭棒头鬼等重大祭典，都必须请他到场。阿昌族民间文学的精华，就由这些被称为“无字经师”的活袍在进行丧葬仪式和一些重大祭典时，通过诵经的方式传承下来。活袍不但熟悉本民族的历史文化和风俗习惯，能够主持各种祭祀活动，还精通本民族语言包括古阿昌语，精通阿昌族宗教仪轨、民间习俗、禁忌礼仪，精通熟悉阿昌族创世神话史诗《遮帕麻和遮米麻》，掌握着大量阿昌族的历史传说、民间故事和民歌。梁河地区的许多活袍既是宗教祭祀仪式上庄严的祭司，又是擅长唱民歌、蹬窝罗的“稍干”（歌手、领唱

者）。他们不仅是阿昌族的宗教首领、精神领袖，能与神灵沟通，替百姓消灾解难，同时也是保存和传承本民族传统文化的智者。

在梁河阿昌族地区，关于活袍的传承方式一般认为有阴传和阳传两种。阴传也叫真传，指的是神授传承，是在梦中或患病昏睡时由神传授巫术。20世纪末去世的九保乡曹家寨的赵安贤、曩宋乡关璋村的曹德春等活袍，据说就属于阴传。阴传活袍一般精通阿昌古语，通晓历史文化、礼俗民风，在阿昌族群众以及活袍中的地位和威信都比较高。另一种是阳传，也叫师传，是以师徒相授的方式传承的。在老活袍帮人祭神驱鬼时，他们就作为助手参与祭祀活动。在获得祭神驱鬼的必要知识后，就由老活袍帮助立起祖师坛（当地人叫作“设坛”或“设师坛”），便可以独立进行宗教祭祀活动了。这类活袍往往是阿昌族的“白口才子”（阿昌族对善于记诵的人的称呼），他们通晓汉语和现代阿昌语，对阿昌古语也比常人懂，记忆力好，口才出众，善于模仿。

活袍作为一种符号，既是主持各种仪式的个体，更是连接阿昌族社会网络的群体，形成了一整套文化体系，包括传承方式、仪式、语言、服饰、器物、腔调、唱词等。这些文化，不断整合和传承着阿昌族的民间信仰、道德伦理、民风民俗、文化艺术，成为以活袍为载体的活袍文化。在现代社会急剧变化的大背景下，阿昌族民间信仰以及与其紧密相连的活袍文化也经历着巨大的变迁。从民族学的视角看，在梁河地区阿昌族社会中的活袍文化是阿昌族社会文化的重要组成部分，呈现了阿昌族文化的众多要素，不仅存在于活袍的历史记忆中，也为当代阿昌族民众所认同和实践，有机地融入区域地方性知识中，得到鲜活的表达。正因为如此，2006 年阿昌族史诗《遮帕麻与遮米麻》被列为国家第一批非物质文化遗产。

第四章　阿昌族经济社会发展概况

早期各历史时期的社会经济状况

阿昌族源于古代的氐羌族群，而与南诏、大理国时期的“寻传蛮”有直接的渊源。唐代文献中称为“寻传蛮”的种人，即阿昌族和景颇族的前身。今日所用族称“阿昌”，则最早见于元代文献《招捕总录》《元史·地理志》等。

从历史传说中得知，阿昌族最初以采集、狩猎为生。后来逐渐种植芋类，开始了初期的农业生产。传说当时的婚姻关系是一群男子与一群女子互为夫妇，妇女在家庭和社会中居于领导地位，这是母系社会的反映。关于早期阿昌族社会的群婚和母权制残余，在现行的德宏梁河与户撒方言区亲属称谓和中华人民共和国成立前的婚姻习俗中，也保留了某些遗迹，如伯母、姑母、舅母、姨母同称为“巴”，伯父、姑父、舅父、姨父同称为“龙怕”，胞兄、堂兄、姑表兄、舅表兄、姨表兄同称为“喳唉”（兄），胞姊、堂姊、姑表姊、舅表姊、姨表姊同称为“衣”（姊），儿子、侄子、外甥、表侄、表甥同称为“早”（儿子），女儿、表侄女、表甥女同称为“鸟早”（女儿），等等，可见婚姻集团是按照辈分来区分的。另外，中华人民共和国成立前阿昌族社会还存在夫兄弟婚的转房制、妇女婚后坐家（不落夫家）等习俗。这些传说及遗迹，都说明阿昌族经历了漫长的原始社会发展阶段。

唐宋时期，阿昌族地区分属云南的南诏、大理国政权管辖。南诏的奴隶主依靠武力对寻传等地的阿昌族人进行了残酷的剥削和奴役。大理国统治者段氏也曾对云龙地区的阿昌族规定了岁贡。

宋末元初，史籍上正式出现“蛾昌”“阿昌”等族称。元代，阿昌族地区在云南行省所辖金齿

宣抚司的镇西路（今盈江一带）、平缅路（今陇川一带）、柔远路（今保山潞江坝）和南赕（今盈江西北）等地的管辖之内。

在唐宋元时期，寻传蛮内部发展也不平衡。狩猎经济和采集经济仍然占有重要地位，但靠近南诏、大理国腹地的澜沧江以东一带（今云龙、兰坪、丽江地区）的寻传蛮，较快地接受了先进民族的进步因素。同时，永昌（今保山）、越赕（今腾冲至德宏一带）的部分寻传蛮也因长期与金齿、蒲蛮杂处，改进了生产技术，开始了种植稻谷，发展了农业生产。此外，畜牧业也有一定的发展。

阿昌族在发展形成过程中，曾与诸多民族融合。宋元时期，内地商人已进入云龙一带阿昌族中。明代在云南实行军民屯田制度，汉族人口大量移入，一部分阿昌族融入汉族及其他民族中，也有部分汉族融入阿昌族中，如明军屯守军的后代多在当地转化为阿昌族及其他民族。明清以来阿昌族长期与汉族、白族、傣族等民族交往密切，也多有融合。

明代的阿昌族“孳畜佃种，又善商贾”，已从早期的采集狩猎经济转向刀耕火种的锄耕农业。明代云龙州（今云龙）产盐，也有一部分阿昌族从事盐业贩运。明代，大量汉族迁入，带来了先进的生产工具和技术，改变了阿昌族粗放的耕作方式。阿昌族开始使用铁制农具，种类有犁、耙、锄、镰刀、铲、长刀、砍刀等。居于坝区的阿昌族开垦了水田；居于山区的阿昌族逐步改变了刀耕火种、砍倒烧光的方式，旱谷等产量有所提高。他们的农业生产仍以水稻耕种为主，玉米、旱稻、薯类及蔬菜等为辅。聚居于九保、曩宋等半山半坝区的阿昌族，精心培育出了“毫公安”等品种优良的水稻，受到当地各族人民的喜爱，被当地各民族誉为“水稻之王”。除农业生产外，阿昌族人民还普遍饲养家畜，如水牛、黄牛、骡马、猪等，饲养家禽有鸡、鸭、鹅等。户撒阿昌族利用有利的自然条件，掌握了种植草烟的技术，生产的草烟质量较好，除一部分自用外还销往附近

地区。他们还擅长稻田养鱼，秋收时，稻谷和鱼一起收获。梁河一带阿昌族的手工业门类有酿酒、榨油，妇女纺织土布并染色，男子编箩筐等竹制品用于生产、生活。但大多数为自给自足，很少拿到市场去交易。户撒的阿昌族，还有一些人数百年以来专门从事银饰品加工，他们生产的手镯、银链、银扣、银耳环等造型美观，深受人们的喜爱，有的远销缅甸。

明清两代，中央政府在德宏地区实行土司制度。14 世纪末叶（明洪武年间），沐英率兵征麓川（今德宏傣族景颇族自治州及邻近地区），占领户撒后，将这个地区划为自己的私庄，并设甲管辖。15 世纪中叶（明正统年间），明将王骥三征麓川后，撤销麓川平缅宣慰司，在德宏地区分设土司，阿昌族地区处在干崖（今盈江）、南甸（今梁河）、勐卯（先驻陇川，后驻瑞丽）、潞江等诸土司的统治之下。王骥又分封其属官赖罗义、况本为把总，把户撒坝子分成户撒、腊撒两段，分别由赖、况二人掌管，成为这里的世袭领主。

沐英征麓川时，留下部分军队驻守屯垦，户腊撒地区的阿昌族人民便向这批汉族士兵学习耕种水田、打制刀具和农具的技术。数百年以来，阿昌族打制的铁器极负盛名，对阿昌族和德宏各民族的经济发展起到了积极作用。

清初承袭了明代的土司制度，随后清朝政府逐步实行改土归流的政策，但阿昌族地区土司制度仍保留至民国末年。清初，吴三桂到云南后，把户腊撒地区改为自己的勋庄。康熙三十一年(1692)，清政府废勋庄，仍归原赖、况两家承袭。雍正二年（1724)，户腊撒地区归腾越州(今腾冲）管辖。

近代以来，由于德宏地区以汉族为主的商品经济的发展及一定程度上受英国在缅甸的殖民地资本主义市场经济的影响，阿昌族与外族之间的商品交换关系也迅速发展起来。因为他们的一部分生产、生活用品要依靠其他地区和民族的市场提供，阿昌族加工铁制品的原料等需到其他民族中去购买，产品如农具、刀具、银饰品等一部分

又要卖给周边地区其他民族，所以促进了商品交换关系的发展。但阿昌族的手工业者、小商贩一般均是季节性的，大多数是家庭作坊式手工业，未脱离农业生产。

民国时期，云南地方政府在阿昌族地区设立弹压委员、行政委员和设治局，推行保甲制度，与当地土司狼狈为奸，加深了对阿昌族人民的压迫与剥削。农民除了每年固定交纳“官租”“地基银”“大烟款”三大款项外，还有各种额外的摊派、派款勒索。许多阿昌族村寨负担有固定的劳役，所以有“抬轿寨”“伙夫寨”“马夫寨”“送柴寨”“烧酒寨”“洗菜庄”“吹号寨”等名称。设治局的苛捐杂派，更是层出不穷，门户捐、烟捐、地捐、骡马税等多达数十种，阿昌族群众要负担双重的纳税、杂派、官租、劳役等，不堪重负。同时，土司与设治局明争暗斗，百姓民怨沸腾。封建统治者还利用宗教迷信、陈规陋俗来欺骗和压迫阿昌族人民。

为了反抗统治阶级的压榨，阿昌族人民曾数

次团结起来进行了长期的不屈不挠的斗争。清顺治十七年（1660），陇川户撒一带爆发了以杨五为首的各族人民大起义。清乾隆三十四年（1769），户撒长官司赖氏土司横征暴敛，阿昌族等各族人民起来反抗，迫使清政府撤换该土司。清乾隆五十八年（1793），阿昌族人民发动武装起义，包围户腊撒的土司衙门，击毙土司，斗争坚持了3个多月。面对阿昌族人民的反抗，清政府不得不于次年在宋项、蛮东两寨勒石立碑约束土司，规定土司除“日用柴、肉、霜降、赏练并婚丧用费，一切例外之派永行革除”。清咸丰年间，由于户撒土司受制于干崖土司，阿昌族成年男子被干崖土司强征去参加对陇川土司的械斗，伤亡惨重，受难者家属群情激愤，结队到土司衙门，向干崖土司讨还血债。经过数年斗争，干崖土司不得不给予赔偿。清咸丰元年（1851），梁河县芒丙等“五撮”阿昌族人民与其他民族人民一起，反抗南甸土司（傣族）的欺压。起义队伍烧毁了土司署，土司仓皇出逃，向干崖土司求援，

镇压起义。清咸丰六年（1856），云南大理等地爆发回民抗清起义，阿昌族人民与当地各族人民一起，也投入到这次斗争中。清光绪十八年（1892），腊撒的阿昌族人民联合附近景颇族等各族人民，在多们腊领导下，利用地方宗教势力组织起来反抗土司。他们提出了“杀富济贫”的口号，围攻土司衙门，还占领了10余个寨子。后来，起义被南甸、干崖土司联合腾越州（今腾冲）派来的清军一起镇压了。清宣统元年（1909），阿昌族人民参加了德宏各族反对清政府的“永昌起义”“干崖起义”和“腾越起义”。

清同治十三年（1874），英帝国主义派军官柏郎率领武装探测队从缅甸深入云南，同时派遣翻译官马嘉理进入云南西部搜集情报、测绘地图，遭到滇西各族人民强烈抗议。清光绪元年（1875），马嘉理又返回云南，柏郎紧随其后，进入盈江县蛮允、雪列寨时，被当地景颇族、傣族、汉族、阿昌族等各族人民共200余人包围，勒令其退出国境。马嘉理竟开枪打死打伤我国边民。

于是，群情激愤，一举将马嘉理及其武装随从消灭。同时，清政府地方政府暗中派腾越督军左营都司李珍国参将部署兵勇堵截洋人。各族群众2000余人又将柏郎所率英军包围，迫使他们狼狈逃回缅甸。这是滇西各族人民反击英国殖民分子入侵我国边疆领土的一段光辉史事。史称“马嘉理事件”或“滇案”。

清光绪二十六年（1900），英国侵略者又一次侵入我国滇西腾冲境内，烧毁村寨，枪杀群众，激起各族人民义愤。阿昌族土守备左孝臣带领各族人民，共同抗击英国侵略军。由于双方装备及力量悬殊，左孝臣及爱国军民137人壮烈牺牲，以身殉国。

民国时期，阿昌族人民的反抗斗争仍此起彼伏。1943年，户腊撒地区的阿昌族人民与各族人民一道，又一次掀起了武装起义。起义群众包围了土司衙门，土司潜逃到陇川，向陇川土司及设治局求援。他们出动大批军队前来镇压，阿昌族人民及陇川各族人民坚持战斗5昼夜后，因寡不

敌众，起义失败。

1942年，日本侵略军入侵我国云南西部边区。侵略军沿滇缅公路长驱直入，占领了瑞丽、陇川、芒市、龙陵、盈江、梁河、腾冲等地后，又企图将魔爪指向保山、大理。阿昌族居住的绝大部分地区被日军侵占。梁河县曩宋关阿昌族人民集中18岁以上50以下的青壮年阻击日本侵略军。他们还参加游击队，在丛林中伏击日本侵略军，给予侵略者痛击。此外，在抗日战争时期，阿昌族人民也积极加入汉族、傣族和景颇族各族人民组织的武装队伍，阿昌族民众曹老有、郎洪才的抗日故事，云龙阿昌族老兵参加台儿庄等战役的抗战事迹至今流传，他们捍卫了祖国的边疆。在建设边疆、保卫边疆的战斗中做出了自己的贡献。

1949年，腊撒人民再次举起义旗。继位不久的新土司被起义群众乱枪打死，老土司准备残酷镇压。此时，中国人民解放军南下部队到达保山，土司们十分惊慌，连忙在陇川召开了“十土司会议”商讨对策。在中国人民解放军大军压境的情况下，阿昌族人民的起义获得了胜利（见曹先强主编《阿昌族文化大观》），他们选派三位代表冲破封锁辗转到腾冲见到亲人解放军。1950年下半年，解放军进驻德宏地区，阿昌族和各族人民一道，获得了解放和新生。

中华人民共和国成立前，阿昌族地区主要是封建领主经济，地主经济有了一定程度的发展。领主是傣族土司，地主多是外来至保山腾冲和施甸的汉族，本民族的地主为数较少。在土司辖区内，全部土地的所有权属于土司。土司除了收“官租”外，逢年过节或婚丧嫁娶时，还凭借政治特权强迫农民送礼。此外，土司还占有一部分土地作为“私庄”，租给农民耕种进行地租剥削。社会上普遍发生土地（主要是水田）的典当、买卖关系，高利贷和雇工剥削也相当严重。除了封建领主外，阿昌族还受着汉族和本民族地主的剥削。户撒地区占人口4.2%的地主富农，占有水田总面积的11.1%，而占人口49%的贫雇农只占有

水田总面积的29.9%。地租率高达50%～70%。广大贫下中农过着“田里谷子黄，家中没米粮”的痛苦生活。受早期村社制度影响，阿昌族地区只有旱地属村寨公有，还在一定程度上保留着农村公社的残余。

社会主义建设初期的阿昌族社会（1950～1957年）

1949年12月，云南宣告和平解放。云南解放后，中共滇西工作领导小组、中国人民解放军滇桂黔边区纵队第七支队三十六团进驻包括德宏地区在内的腾（冲）、龙（陵）一线，本着慎重稳妥的方针，在德宏（阿昌族主要居住区域）北线的梁（河）、盈（江）等边境地区开展民族上层统战工作，发布《告土司民众书》，写信劝导土司，并在腾冲接见土司代表及民众代表，广泛宣传中国共产党的民族政策和统战政策，号召各土司、各民主上层人士和各民族人民认清形势，迎接全境的解放，建设繁荣富强的新边疆。

1950年，中国人民解放军进驻滇西，大理云龙、保山腾冲、德宏等各地分别于1月、3月和4月相继获得解放，全省阿昌族居住区也获得新生。各级党委政府坚决贯彻执行党的基本方针和边疆民族政策，保山地委于1950年6月决定在户腊撒地区设置户撒阿昌族乡，归盈江行政委员会管辖，10月改置户撒区行政委员会，并召开户腊撒各族各区代表会议，成立区民族联合政府，下设6个乡。

在初期的1950至1952年间，对民族上层坚持“以团结为重、斗争服从团结”的方针，开展以疏通民族关系、巩固祖国边防、领导和帮助阿昌族人民恢复与发展生产为中心的工作，建立人民政权，结束了国民党政权的统治；调处民族械斗和民族纠纷，增进各民族间的团结；开展清匪肃特斗争，平息“反共救国军”叛乱，维护稳定社会秩序，保卫祖国边防；组织市场物资供应，领导、帮助各族干部群众开展防病治病、兴修水利、开垦荒地、创办学校、培养民族干部等各项

工作，改善了各族人民生活。逐步树立起中国共产党、中国人民解放军、毛泽东主席等在各民族中的威望。这一时期，由于阿昌族人民积极性得到调动，其他各项事业也得到相应发展。民族文化与教育方面开办了萝卜坝芒东省立小学，九保、曩宋等乡的阿昌族子弟很多都到该校就读。在发展基础教育的同时，阿昌族地区还贯彻1950年底教育部颁发的关于“有计划、有步骤地开展农民进行业余教育”的指示。组织农民进行业余教育，逐步使阿昌族青壮年脱掉文盲的帽子。

1954年1月，中共盈江县户撒区工作委员会成立，11月改称中共户撒区委员会，至1957年，先后由崔延芝、倪汉东、雷开发担任书记。同期，全省各地的阿昌族聚居地也组建了乡村人民政权和基层党团组织。1955年，梁河县关璋乡、丙盖乡和潞西县高埂田乡是第一批成立的阿昌族乡政府。另外，如潞西县（今芒市）高埂田、云龙漕涧仁德村、保山腾冲及龙陵的阿昌族村也开始建立党团支部。对手工业实行社会主义改造，创建了农业互助合作。在互助合作运动中，阿昌族地区合作社的建立在很大程度上促进了经济发展，鼓舞了农民的办社热情，州、县党政部门始终坚持“慎重稳进”方针，保证合作社健康发展。1951年2月，原户腊撒土司赖思琳、盖万新被送往昆明改造，释放后据国家统战政策给予宽大处理并安置了工作，宣告阿昌族地区长达500余年的封建土司制度灭亡。从此，阿昌族人民按照《自治工作条例》行使民族自治权利。建立区（乡）人民政府，阿昌族人民当家作主。1952年4月，民政部批准成立户撒阿昌族自治区，区长倪汉东，副区长项老佐。5月，梁河阿昌族地区开始设县，即梁河县各族人民联合政府，阿昌族人赵启国被选为联合政府委员、文教科科长。1953年，阿昌族人孙有安被选为梁河县政协副主任。同年，党和政府开始派民族工作组进驻阿昌族地区，开展社会经济调查，根据实情，组织群众兴修水利，发展农业生产，帮助群众解决耕牛、籽种、农具紧缺等困难，组织开荒，抗灾捉虫，防

病治病。1954年，区人民政府改称区公所。第一区人民政府设在河东街，1954年改称第一区区公所，阿昌族人孙家柱先后担任过副区长、区长。第二区人民政府驻地在大厂街，改称第二区区公所，阿昌族人赵大兴任区长至1958年。1954年，从梁河划出第三区驻地芒东、第四区驻地江东。1955年，完成和平协商土改，无田、少田的阿昌族农民获得土地。同年11月，腾冲县的九保、囊宋、河西等划入梁河县建立河西区，驻地九保街，成立第五区。1956年后，开始对个体农户、手工业、私营工商业进行社会主义改造，逐步实现走合作化的道路，粮食和其他经济收入有所增长。1957年6月，第五区改称邦角文化站。

总之，1953至1957年间，在中共云南省委制定的“慎重稳进”方针的指导下，中央派出民族慰问团，省委派出民族工作队，全面开展民族工作，从团结各民族中的领袖人物，“做好事、交朋友”入手，深入开展反美爱国教育，帮助群众防病治病，疏通民族关系，广泛发动群众开展生产，大力培养民族干部，依靠各民族干部、群众开展民主建政、反官租杂派、减租减息等工作。接着在傣族、阿昌族聚居区和汉族地区进行和平协商土地改革，彻底废除封建领主、地主制度，在农村开展建党工作和互助合作运动等。各地在平定“反共救国军”叛乱，贯彻《自治条例》，行使民族自治权利，开展清匪剿霸的基础上，完成全区的民主建政工作。

1954 年，户撒成立第一个打铁生产合作社，他们为附近傣族、景颇族、傈僳族、德昂族、汉族等民族人民提供了各种农具、刀具，产品品种已增加到 50 余种 120 多个花色。户撒公社每个大队几乎都有 10 多或 20 多盘打铁炉，有的生产队打铁收入占总收入的一半左右。他们利用手工业的收入，兴修水利，购买机械化农具，进一步促进了农业生产，也提高了社员生活水平。1957 年后，个体手工业已基本走上集体化道路。户撒全区 96 盘打铁炉，除 4 盘打铁炉的人年老体弱外，其余的都入了合作社，在社管会的统一领导下组

织副业生产。

阿昌族地区相继开办了制铁、制农具、榨油、制肥皂、制松香、染布等小型工厂。户腊撒地区也建立了铁工厂，当地的阿昌族工人和汉族工人一起制造了水力鼓风机，以代替手拉风箱，提高了功效，节约了劳力。

户撒的阿昌族人民打铁、制刀的技术很高，打制的铁器经久耐用。特别是长刀、尖刀、砍刀、菜刀、剪刀、锯齿镰刀等锋利美观，以户撒刀著称于世，颇为附近傣族、汉族、景颇族、德昂族等各族人民所喜好。生产的长刀还远销到怒江的傈僳族、临沧的佤族、中甸的藏族地区和邻邦缅甸。过去由于原料缺乏、重税盘剥、个体经营、自产自销，所以不仅产量低，而且走村串寨销售，误了农事节令，影响农业生产。不少阿昌族的能工巧匠在失业和饥饿的威胁下，流离失所。中华人民共和国成立后，这种传统的打铁手工业更有了发展。由于国家扶持、集体经营，铁器生产日益兴盛，户撒刀恢复了它的青春。

社会主义建设各时期社会发展进程

一、曲折发展时期的阿昌族社会（1958~1976年）

1958~1966年，云南阿昌族地区坚决贯彻执行中央、省委的路线、方针和政策，开展了大量的工作，取得了显著成绩，但工作中也出现过严重失误。

1958年开展的“大跃进”运动，边疆农村实行人民公社化运动，5月，阿昌族地区贯彻总路线，破除迷信，解放思想，开展“插红旗，拔白旗”的劳动竞赛、“火烧中游，放高产卫星”。为“跑步进入共产主义”，阿昌族群众一夜间成了人民公社社员，自留地、自留山、家养大牲畜全部归入集体，并以生产队为单位办起集体食堂。在农业生产中，队与队之间争报进度，争报产量，又是“打擂台”，又是“放卫星”，虚报浮夸成风。不顾及客观条件，不管经济效益，推广“车子化”“大炼钢铜铁”。不通公路的关璋山村开始

制作手推车；阿昌族、德昂族聚居的勐来村成了大炼钢铁的“战场”。户撒地区在原试办高级社的基础上，成立户腊撒人民公社，又称“跃进人民公社”。造成以“共产风”为主要标志的“左倾”错误严重泛滥，造成人心不稳、边民大批外出到缅甸、生产力遭到严重破坏的恶果。

“大跃进”存在的问题很快引起当地党委、政府的重视。在省委的领导下，阿昌族聚居的德宏地区于1958年底对“大跃进”存在的问题开展调查研究，对“左”的做法进行反思，积极做外流群众的争取工作，给外出群众写争取信、担保信。户撒区争取到回归人员有358人。由于受“大跃进”的影响，生产关系变革过大，实行耕畜折价入社，私有生猪入社，没收自留地和零星果木、竹篷，限制私人家庭副业生产，要求全部劳动力集中在集体生产，长期进行苦战、夜战，盲目地大办公共食堂和集体养猪场，缺乏管理，造成巨大浪费；大放“卫星”，大搞红旗竞赛，盲目上马一些水利工程，造成不必要的经济损失；

大搞协作，无偿调用农村劳动力，有的地方甚至搞强迫命令，“五风”盛行，致使部分群众外逃，造成劳力缺乏，影响了边疆的安定团结。1958年，户撒区514户人家，外出群众就有2418人，其中阿昌族1465人；1959年，外出2159人，其中阿昌族1025人。

1959年5月，根据省委的指示精神，停办人民公社，恢复原有的小社经营体制，实行小社生产、小社分配。在政策上明确规定：农业生产合作社规模大的可以包工、包产到组，统一分配；已办的公共食堂解散，今后不准再办；退还私人自留地、竹篷、果木、大牲畜；停止大办钢铜铁和搞共产主义协作；实行劳逸结合，不准搞苦干、夜战和生产瞎指挥。阿昌族地区通过贯彻落实政策，取得了一定成效，混乱局面很快得到扭转，群众不再外流，外出人员陆续回归。但在秋收后，因贯彻中央庐山会议精神，确保“大跃进”顺利进行，又开展“反右倾机会主义”的斗争，纠“左”变成了反右，“左”的错误又一次升温，继

续搞瞎指挥，放“卫星”，不办公社就办联社，退回社员的自留地又重新收归集体所有，下马的公共食堂也重新办起来。据统计，1959年，在反“地富”、反“坏右”的斗争中，仅户腊撒人民公社，就打击现行破坏分子34名，逮捕22人，自首7人，教育5人。这一“左”的错误，一直延续到1961年。

在这关键时期，德宏州工委紧急刹车，贯彻落实中央制定的“十七条政策”，州内阿昌族地区坚决贯彻执行并迅速稳定了局面。1962年，在全面贯彻中央“调整、巩固、充实、提高”的八字方针下，阿昌族地区的各项工作又获得蓬勃发展，边疆稳定，国防巩固，人民安居乐业，经济和社会获得全面发展。

1969年4月，根据上级指示，又再办人民公社，将生产合作社并为生产队，单干户全部入社，实行以队为基础，公社、大队、生产队三级所有制，“工、农、商、学、兵”五位一体的体制。建立人民公社以后，开展农田基本建设，兴修水利，治理害河。山区大搞坡地改梯地、台地，坝区大搞平田改土，推广科学种田。公社、大队、生产队级级办样板，种试验田，一定程度上促进了粮食生产的发展，但问题也不少。例如贯彻农业学大寨精神以后，推行政治工分、斗私批修，大割“资本主义尾巴”，盲目上马一些基本建设项目，造成人力物力巨大浪费，过分强调公有，忽视个体经济的作用，束缚了生产力的发展，生产队的社员分红值由办社初期的每个工（10 分为 1 个工）1 元多，下降到几角 1 工。

1966 年下半年，“文化大革命”运动波及阿昌族地区。同年 6 月初，阿昌山寨各小学的公立教师被集中到陇川县城大礼堂学习 100 天。接着传来某某老师是“反革命”“四类分子”的消息。年末，红卫兵开始大串联，冲击党政机关。一夜间，阿昌族居住区的领导人成了“炮轰”“火烧”的对象，相互指责、互相攻击，并发展为“文攻武斗”。最早当上德宏自治州干部的赵启国被打成“反动民族上层”，第一批民族教师赵安石被戴上

“地主分子”的帽子遣送回农村。在中学上学和参加县青年训练班的阿昌族姑娘小伙也戴起了红袖套，跟着人群涌向土司大院，用拳头和木棒砸向石狮、雕龙、画凤表示与“四旧”的决裂。不久，阿昌族农民家的“家堂纸”（也叫天地纸，上书“天地国亲师位”）被扯下，香炉花瓶被砸烂；阿昌族姑娘的大辫子被剪掉；山歌不敢唱，春灯不敢玩，葫芦丝不敢吹，土地庙更不敢祭。1967年，阿昌族所在各县均成立军管会，武装干事当上区里的领导，民兵队长代替合作社长。1968年，县、区成立革命委员会。1969年，根据上级指示阿昌族地区再办人民公社。户撒（称东风公社）辖区和梁河辖区的九保叫红旗公社，曩宋叫东方红公社，关璋、丙盖、弯中、勐科、勐来等也均被冠以革命化的名称。如关璋叫永红大队，丙盖叫红星大队，勐科叫前锋大队……

紧接着，开展清理阶级队伍，重新划定阶级成分，清理“九种人”。清理过程中，仅户撒明社一个村公所就有180人被揪斗，其中阿昌族42

人。年末统计，全乡清理出“九种人”349 人，揪斗 292 人，定案、上报 43 人；办各类学习班 2116 期，参加学习 758 人次。“九种人”中，阿昌族 132 人，占 37.8%。当时全户撒共有农户 2559 户。清理后的阶级状况：贫下中农 1457 户，占 57%；中农 965 户，占 37.7%；“地富”137 户，占 5.3%。

1970 年，开始搞“政治边防”。1971 年，深入开展农业学大寨群众运动，推行大寨式的管理方法，推行政治工分，批判“工分挂帅、金钱挂帅”“割资本主义尾巴”。掀起兴修水利、开荒、积肥高潮，限制社员做私活。结果，形成集体空、社员穷、超支欠款多、贷款无法偿还的状况，集体的分红值一年比一年下降，严重地束缚着生产力的发展。户撒阿昌族乡，当时是陇川县 3 个边防公社之一，由于“政治边防”运动，挫伤了农民的生产积极性，加上自然灾害，农业生产连续减产。但政府在极左路线的支配下，不从实际出发，仍向坝区、半山半坝区的农民征收“过头

粮”，造成农民粮食紧缺，吃粮水平下降。例如：李曼呆社当年增产 1.25 万千克，政府增购达 1.75 万千克。次年，有 50%的农户到缅甸木姐、八莫等地购粮，少数农户用板栗、草烟去兑换，采用人担马驮、小马拉车等形式，来回 10 多天，先后购回 5 万多千克大米，形成一股强大的外出买粮风。由于边民大量外出，境外敌特乘机活动，造谣诬蔑共产党的领导，基至煽动群众外出，引起阿昌族边民第二次外出。州、县政府及时派出工作组到户撒进行调查，帮助群众解决实际困难，及时发放返销粮、救济粮，很快平息了这场购粮和外出的风潮。

在此期间，生产队实行按工分分配现金，按“三七开”分配粮食。“三七开”，即：基本口粮七，按人头分；工分粮三，按劳动工分分配。后来，山区实行“三七开”，坝区实行“四六开”，社会主义按劳分配原则没有得以真正体现，群众的劳动积极性仍得不到充分发挥。

“文化大革命”运动一直延续到 1976 年，党的民族政策惨遭破坏，无休止的政治运动，给阿昌族各族人民带来深重灾难。粉碎“四人帮”后，这场运动才得以结束。通过拨乱反正，落实政策，给63名“地富”分子“摘帽子”，对“文化大革命”中因批斗致伤、致残、致死的26人进行复查，恢复名誉，并给予一定的经济补偿。1980年，给107名“地、富、反、坏、右”“摘帽子”；给520名“地富”子女改变成分；给被揪斗、批判定为“死不改悔的走资派”原公社党政领导干部全部恢复名誉，并重新安排工作。

“文化大革命”期间，阿昌族地区的医疗卫生工作遭到严重破坏。1968~1971年间，阿昌族地区的卫生防疫机构几经撤并，人员不定，防疫工作得不到落实。从1969年9月至1972年，坝区和部分山区村寨恶性疟和间日疟全面暴发并流行。1969年，梁河县发病人数为2003人，1972年猛增到18690人。中央及时派来“五二三”医疗队。县级成立灭疟领导小组，抽调专业技术人员组成抗疟队，开展综合性群防群治活动，才遏

制了疟疾的蔓延。1971 年 4 月恢复防疫站建制，加强防治工作。到 1976 年，疟疾发病率又降到 5.07 例/万人。

“文化大革命”期间，阿昌族村寨曾建立初步的合作医疗。合作医疗站采取自种、自采、自制、自用中草药等办法为群众治病，赤脚医生以工分加补贴的形式计酬。合作医疗办得较好的关璋村能使社员群众“小病不出村、吃药不收费”。1974~1976 年，为巩固合作医疗，梁河县给予乡村医生的补助和房屋建设费共计 5.6 万元。

1973 年，我国实行计划生育政策，于云南各地设置计划生育办公室。当时，生产队实行按人口分基本口粮的分配政策，阿昌族农村家庭可生育二胎，但受传统多子多福思想和按人口分粮政策影响，有些家庭超生。改革开放以前，阿昌族地区的计划生育工作停滞不前，没能取得实质性进展。

二、徘徊中前进与拨乱反正时期（1976~1978 年）

1976 年 10 月粉碎“四人帮”后，邓小平同志复出。但粉碎“四人帮”一年多仍没有实现党的工作重心向经济建设转移。直至1978年2月，五届全国人大一次会议在京举行。邓小平当选为全国政协主席。“文化大革命”期间被中止的政治协商制度重新得以恢复。中国共产党第十一届中央委员会第三次全体会议于1978年12月18~22日在北京举行。在中央工作会议上，党的许多老一辈革命家和领导骨干，对“文化大革命”结束后2年来党的领导工作中出现的失误提出了中肯的批评，对党的工作重点转移到经济、政治方面的重大决策，党的优良传统的恢复和发扬等，提出了积极的建议。邓小平在会议闭幕式上做了题为《解放思想，实事求是，团结一致向前看》的重要讲话。结束了粉碎“四人帮”之后2年中党的工作在徘徊中前进的局面，实现了中华人民共和国成立以来党的历史的伟大转折。

由于党的正确路线的确立和在边疆阿昌族地区的贯彻实施，阿昌族人民摆脱了“文化大革命”的阴影，以昂扬的姿态投入国民经济的恢复

和发展阶段。云南阿昌族地区通过贯彻落实民族政策，完善了民族区域自治，民族工作进入了一个崭新的历史阶段。

1981年开始，党对阿昌族地区的政府机构做出相应调整。恢复县级人民政府、政协，撤销革命委员会，增设县人大常委会，党的民族区域自治政策得以顺利实施。全省各阿昌族居住区各项事业得到了长足的发展。

三、改革开放时期（1978~2018年）

1981~1984年，全省阿昌族居住区相继进行农村行政体制改革。伴随着农村体制改革的深入，农村家庭联产承包责任制不断深入人心。阿昌族地区实行家庭联产承包责任制的同时，梁河县率先在德宏州内推广包产到户责任制。1981年底，梁河县669个生产队中，有642个生产队实行大包干提留到户责任制，阿昌族村寨建立了生产责任制。通过宣传贯彻，户撒公社104个生产队也实行小段包工、按件记分，有4个生产队实行联保产量、计算报酬、包工到组的生产责任制。在分配上，采取工分加照顾的方法，96个生产队中，采取倒“三七”分配的生产队有10个，“对半开”分配的有1个生产队，倒“二八”分配的生产队有1个。1982年春，户撒公社的土地全部包产到户，建立家庭联产承包责任制。

1984年3月，德宏州阿昌族地区进行农村行政体制改革。撤销人民公社，设区建乡。陇川户撒公社改建为户撒区，下辖的朗光、隆光、曼炳、保平、明社、潘乐、平山等7个大队改为乡，阿昌族人雷开发担任户撒区党委书记；后又调整户撒区辖项姐、朗光、曼棒、隆光、潘乐、户早、曼炳、明社、保平、腊撒、平山等11个村100个自然村，梁河县下辖公社改建为区，大队改为乡，并在杞木寨区阿昌族聚居地建立湾中阿昌族乡，在曩宋区建立关璋、弄别2个阿昌族乡，在九保区建立丙盖、横路、勐科3个阿昌族乡，同时建立勐来阿昌族德昂族乡。潞西县（今芒市）江东区高埂田建立阿昌族乡。

1988年1月，在撤区建乡体制改革中，撤销户撒区，正式成立户撒阿昌族乡。原朗光、隆光、曼炳、保平、明社、潘乐、平山等7个乡改称行政村、办事处，增设腊撒、曼棒、项姐3个行政村、办事处。同时，梁河县根据省州指示精神，在阿昌族人口比较集中的原九保区、原曩宋区撤区建乡，正式成立九保、曩宋2个阿昌族乡。撤销九保区及其所辖的1个镇5个乡，新成立的九保阿昌族乡辖原九保区的行政区域；撤销曩宋区及其所辖的1个镇3个乡，新成立的曩宋阿昌族乡辖原曩宋区的行政区域。

同时，户撒、九保、曩宋3个阿昌乡分别召开“四代会”（党代会、人代会、团代会、妇代会），选举产生了乡党委、乡人大、乡政府以及共青团、妇女组织的领导干部。九保阿昌族乡辖九保、丙盖、横路、勐科、安乐、勐宋等6个行政村67个农业社，土地面积145.4平方千米，人口13149人，其中少数民族5725人，少数民族中有阿昌族3211人，首任乡长为赵安周（阿昌族）。

囊宋阿昌族乡辖囊宋、马茂、关璋、弄别、河东、龙营、瑞泉、上芒东、芒林等9个村公所50个自然村111个农业社，土地面积115平方千米，人口22111人，其中少数民族4867人，少数民族中有阿昌族3312人，首任乡长为曹连能（阿昌族）。民族乡的建立体现了国家充分尊重和保障各少数民族管理本民族事务权利的精神。

1998年，贯彻中央《关于农业和农村若干重要问题的决定》，继第二轮土地承包后，“第三轮土地承包期再延长30年”。至1999年底，阿昌族地区完成土地承包合同的续签工作，并放手大搞农田基本建设，提高粮食产量。

2007年6月，正式启动深化集体林权制度改革。林权改革的重点是落实林业经营主体的“四权”（即明确林木林地的所有权或使用权、放活林地经营权、落实林木处置权、保障业主收益权）。2008年底，在工作队的帮助下，户撒、囊宋、九保3个阿昌族乡完成了林权改革前期工作，部分村寨已发证到户，2008年底全部发证到户。

全省其他阿昌族居住区也全面实现证书到户。

阿昌族地区各项事业得到长足进步。具体体现为：

一是阿昌族党员队伍不断发展壮大。1988 年户撒、九保、曩宋 3 个阿昌乡都成立了党委，梁河县有阿昌族党员 346 人。其中，梁河九保阿昌族乡有阿昌族党员 75 人，曩宋阿昌族乡有阿昌族党员 60 人。保山的腾冲、龙陵、施甸，大理的云龙阿昌族居住区也成立了党的基层党组织，发展了一批党员。

二是阿昌族干部得到培养和锻炼。20 世纪 80 年代以来，一批阿昌族干部走上各部门领导岗位。阿昌族干部穆光荣、银恩铭、赵家培、雷翁团、孙春兰、赵兴卓、孙家柱、李德广等多名优秀干部先后被选任为厅级、副厅级、县处级领导，曹自芹（女）、曹明强、张益俊先后被选为全国人民代表大会代表，曹春叶（女）被选为党的十九大代表。继 1972 年德宏自治州恢复建制，全国人民代表大会和省州人大、政协会议都有阿昌族代表参加，从省到各级地方人民政府均有阿昌族干部担任领导职务。

三是改革开放后，党的民族政策、宗教政策得到落实，阿昌族传统的民间信仰活动得到恢复。过去带有很浓的宗教色彩的阿露节和窝罗节，衍化成阿昌族乡人民共同欢庆丰收的盛大民族节日；祭祀寨神树“瓦当整”和“土主”的活动可以公开进行；很多寺庙得以陆续恢复或修整；阿昌族在自家新盖的房屋内设家堂，贴上“天地国亲师”的家堂纸和灶君、祖宗的牌位，还挂上象征农业神“榜争”“谷期”的苞谷穗和小篾篮，逢祭祀之期就虔诚供奉。村里举行集体的祭祀活动或者是死了人都要请活袍念经。在每年举行的“阿露窝罗节”活动中，活袍头插锦鸡尾，身穿土布长袍，手摇檀香木彩色扇子，用阿昌族语念诵经文成了不可缺少的过程。隐秘的祭祀活动从此公开化。

20 世纪 80 年代中期，活袍赵安贤（九保阿昌族乡曹家寨人）在念诵史诗唱本时发现并翻译

整理出完整的阿昌族创世神话史诗《遮帕麻和遮米麻》。从此，活袍被誉为阿昌族口传文学的承传人，受到人们的尊敬。

四是云南阿昌族地区，于1986～1987年开展整党工作，1990年开展“双文明”建设活动，进入21世纪后，相继开展“云岭先锋”工程，“三讲”活动和学习实践科学发展观活动等，阿昌族党员的思想政治觉悟得到不断提高，带头学习讲政治、带头干事谋发展、带头创新建佳绩、带头服务比奉献、带头自律树形象的新风尚不断凸现。许多基层党组织和党员获得了“先进党支部”“先进党小组”“先进党员”荣誉称号。

阿昌族人民各项事业蒸蒸日上：

一是产业结构得到调整。1979年，阿昌族地区从实际出发，在抓粮食生产的同时，也抓甘蔗、茶叶等经济作物的生产。1980年开始，明确提出“以粮为纲，坝区以蔗为主，山区以茶为主，多种经营，全面发展”的农业生产方针，强调抓住“粮、蔗、茶、油、畜、林、杂”7个项目。阿昌族村寨结合本地的自然地理条件，顺势发展，开展多种经营，改变长期以来农业产业结构相对单一的局面。

根据阿昌族多居住在气候温暖潮湿的半山区，适合甘蔗生长的特点，20 世纪 80 年代后，蔗糖生产逐渐成为阿昌族地区的经济支柱产业。梁河县在勐养糖厂、芒东糖厂竣工投产后，加大甘蔗生产的发展力度，不少阿昌族农户靠种植甘蔗脱贫致富。1999～2000 年榨季，梁河县弄别村的赵德成种甘蔗 25 亩，产量达 130 多吨，收入 17550 元；芒回村的王广种甘蔗 22.5 亩，产量 112 吨，实现收入 14280 元。芒回村甘蔗收入占农业总收入的 45%左右。但也由于蔗糖价格市场波动原因，常常影响着蔗农的生产积极性。

油菜作为一种经济作物，同时成为阿昌族农民创收、增加收入的又一重要途径。特别是 1998 年推广高产品种大油菜以来，油菜的产量大大提高，由过去种植生长周期长的小油菜亩产60～80 千克提高到 210～250 千克。陇川户撒乡芒东下寨

1998 年播种面积达 235 亩，总产 167 吨；芒东上寨播种面积 350 亩，总产 248 吨。2000 年，芒东下寨每家每户至少栽种 3.5 亩的大油菜，仅此一项平均每户可增加纯收入 1000 元以上。

草烟也是阿昌族的一种传统经济作物，迄今已有 500 多年的历史。户撒阿昌族乡，长期以生产户撒烟而出名。户撒坝子周围坡地，有适宜种植烟草的环境条件和自然资源，当地阿昌族根据长期积累的生产和种植技术经验，生产出来的本地草烟质优量大，烟丝产品不仅成为当地主要的交易商品，而且还畅销到全国各地，甚至远销到缅甸、泰国等东南亚国家。1993 年，户撒乡就种植夏烟 5496 亩，还试种秋烟 1500 亩。

茶叶是阿昌族地区的又一创收经济作物。20 世纪 70 年代以后，在党和政府的支持帮助下，阿昌族地区充分利用荒山荒坡开垦梯地茶，创办茶场。如梁河县的湾中村马场地茶场、横路村兴宝茶场、勐科村运河山茶场、瑞泉村墩欠茶场等都是具有一定规模的茶场。近年来，又有一些专业化建设的茶场创建。

国民经济发展的“九五”计划期间，阿昌族地区结合本地区实际，确立了以粮食种植为主，因地制宜、大力发展绿色产业的发展目标。户撒坝区荒山荒坡多，有得天独厚的自然条件，先后种植了板栗、核桃、树酸茄、柿子等。在“九五”期间，户撒全乡种板栗 5712 亩，树酸茄 500 亩，建成了板栗园基地。

2001 年后，德宏阿昌族地区在调整产业结构中寻找和培养新的经济增长点，部分地区提出“农业立县、工业强县、商旅活县”的发展战略，阿昌族群众在巩固提升粮食、蔗糖、茶叶、畜牧等原有产业的基础上，进一步发展壮大魔芋、姬松茸、莲藕、滇皂荚、药材、白花油茶等新兴产业，开发咖啡、香料烟等一批创新产业。陇川户撒和梁河九保、曩宋 3 个阿昌族乡，坝区以水稻、甘蔗、养猪、养牛为主，山区以水稻、苞谷、茶叶、养猪、养牛为主，基本形成粮、蔗、茶、油、畜、林、杂全面发展的产业结构链。

进入21世纪以来，人民政府加大对农民种茶的扶持力度。先是取消茶叶的农特税，继而又在扶贫开发、扶贫整村推进工作中重点扶持种茶，按新植400元/亩、老茶园改造150元/亩的标准对茶农给予资金补贴。属退耕还林的水田改植茶叶还享受到退耕还林补贴。农业科技人员选育本地良种在关璋建立母本茶园，推广无性茶，还对农民进行种茶科学技术培训，从种植、加工到销售给予帮助。这些措施大大促进了阿昌族农民种茶的积极性。

据了解，至2008年，勐科村已将茶园面积发展到千亩以上，横路村新种无性茶500多亩，弄别村新发展两三百亩，关璋村茶园面积也上了千亩，湾中村已有茶园345亩，勐来村有茶园662亩。另据梁河县农业局介绍，茶叶种植面积1978年为1.67万亩，2003年为2.4万亩，2008年为5万亩。其中，阿昌族地区的茶园约占全县茶叶种植总面积的三分之一。小厂乡黑脑子、石岩脚2个阿昌村自然村，共有98户406人，种茶面积已发展到409亩，平均每人达1亩。

同时，茶叶的加工也逐步从粗放型走向精品型，“回龙茶”等一批较为成熟的品牌逐步走向全国市场。阿昌族地区茶场的加工技术不断进步，经济效益越来越显著。2007年，茶叶市场火旺，每亩茶叶的产值可达四五千元。2008年，市场回落，每亩茶叶产值也可上千元。茶叶的生产已成为阿昌族农民脱贫致富全面建成小康社会的重要生产项目之一。

阿昌族农户普遍饲养黄牛、水牛、骡、马等大牲畜，用于使役和积肥。黄牛、骡马、水牛原主要用于拉车、驮物、耕地，不成为商品，后逐渐被拖拉机、汽车取代。随着市场经济的发展，阿昌族饲养大小牲畜、家禽及从事水产养殖，成为家庭经济收入的来源之一。勐来村的赵兴文曾租借粮店的场地养鸡数百只。丙盖村张立旺建起立旺奶牛场。湾中村1991~1995年曾发展蚕桑业，有的年份出售鲜茧收入达3.7万元。2000年后，大部分阿昌族家庭把养猪作为发展经济、增

加收入的主要项目。进入21世纪后，出现了水产、牲畜养殖专业合作社，为安全产供销夯实了基础。

2005~2007年，实施人口较少民族“扶贫整村推进”项目，政府部门购进良种种猪，无偿或低价售给阿昌族农户饲养，养1头能繁母猪可得到500元的补助款，有力地促进了畜牧业的发展。例如：关璋自然村1980年生猪存栏191头，2007年发展到500头；2008年湾中村饲养母猪500头；勐来村在“扶贫整村推进”项目中养猪790头，每头补助400元，养牛76头，每头补助1500元。小厂乡石岩脚合作社有31户136人，2008年饲养的母猪数超过平均每户1头，仔猪存栏数达平均每人1头。黑脑子合作社是省委宣传部的扶贫挂钩联系点，该村有67户270人，共饲养母猪50头，仔猪存栏数达到平均每户3头。2007年，国家扶持大部分农户建起沼气池、沼气灶、猪舍、卫生厕所等配套设施，实现了“猪—沼气—茶”综合运用链接一体的良性循环。

农林业生产的其他项目如下。1980 年，在林业部门的扶持下，曩宋公社（今曩宋阿昌族乡）发动干部、群众到关璋行政村范围内开辟荒山，建成白花油茶基地 1200 多亩、茶叶 20 多亩，权属归关璋村委会，由 3 户农民承包经营，年产茶油 3 吨左右。湾中村在竹平山种植白花油茶 100 亩，2007 年又新种 150 亩。当时正值全省、全州大力发展白花油茶种植，阿昌族区的经济有较大的发展。

阿昌族农户多在自留山、房前屋后种植竹木和水果。仅关璋行政村就种杉木 300 多亩（其中 150 亩已成材）、柏子仁 500 亩、板栗和核桃 50 亩、柑橘 300 亩。还有梅子、李子、木瓜、缅桃、芭蕉等水果。弄别、瑞泉等地的阿昌族农民成功种植滇皂荚。黑脑子合作社种植 50 亩樱桃。荒田村曹春金老人从 1978 年开始种杉木，到 1987 年成活杉木 1.5 万株。曾任县政协副主席的孙家兴退休后带头开发粪箕湾荒山，种植橘子、芭蕉 10 多亩，人称小花果山。勐养乡芒回村部分阿昌族

农民在国营林场的帮助下，采松脂获得较好效益。2008 年，芒回村村委会新种植香料烟——马里兰烟 1000 亩。

此外，梁河丙盖、永和等村的阿昌族农民还因地制宜种植蔬菜、莲藕，发展稻田养鱼。湾中村的农民种植葡萄、姬松茸食用菌、黄草（一种药材）成功，增加了经济收入。

保山的腾冲、龙陵、施甸，大理的云龙阿昌族居住区也结合居住地的环境条件，或种植中药材，或发展核桃和板栗等经济林木，优化主业结构，获得长足发展。

二是农村基础设施建设得到加强。2002 ~ 2007 年，梁河县阿昌族居住区除 20 世纪 70 年代建设的白泥大沟、弄别大沟外，国家还投入资金对曩宋乡阿昌族村寨的几条灌溉沟渠进行加固改造。其中，弄丘大沟投资 8 万元，改善灌溉面积 600 亩；汉坝田大沟投资 6 万元，改善灌溉面积 160 亩；龙塘沟投资 5 万元，改善灌溉面积 200 亩；挖掘南林田沟投入 6. 5 万元，改善灌溉面积

300 亩。这些工程的实施，使阿昌族村寨的粮食生产旱涝保收。阿昌族聚居区区域内以重力侵蚀（滑坡、泥石流）为特征的水土流失严重局面得以实现根本性治理；户撒阿昌族乡群众的饮水困难和农田水利问题得到解决；电力通信事业得到蓬勃发展，通信网络基本形成，乡村安装上了程控电话。陇川县户撒阿昌族乡自 1992 年以来开始安装电话，到 2000 年全乡有一个电信营业所，11 个村公所都通了电话，有程控电话 480 户，其中 80%是阿昌族群众个人安装的。随着经济收入的提高，移动电话进入普通阿昌族家庭，成年阿昌族人基本人人持有移动电话，农村通信网络全覆盖。交通运输方面，阿昌族地区认真贯彻实施“民办公助、民工建路、多方集资”的方针，特别是进入 21 世纪后，国家进一步加大对县乡公路的投资，并拨款扶持乡村公路的新建改建。2007 年，阿昌族地区新建改建一批弹石路。投资 290 万元修通梁河县从九保经丙盖、横路到小厂全长 19.7 千米的公路；沙沟至勐来全长 8 千米公路，

投资160万元铺设弹石路面。至2008年，梁河县46个阿昌族村寨全部修通公路，并有一半以上的村寨实现晴雨通车无阻。户撒乡实施完成27个村民小组村内道路硬化建设，长17.4千米的户撒东线公路和长12千米的国防巡逻道军民桥至坪山村小组公路均完成弹石化通车，全乡有各种主线、干线公路123千米。保山的腾冲、龙陵、施甸，大理的云龙阿昌族居住区乡村公路也基本实现道路硬化建设。

三是社会主义市场经济得到进一步发展。手工业经济方面情况如下。1979年，国家主管民族特需品部门（民族贸易公司）委托户撒民族刀具厂生产藏族多用刀。这种刀与原来从印度进口的相比，工艺水平、质地相当，价格却只有印度刀的十几分之一，深受藏族同胞的喜爱。1983年，被国家民委、轻工业部评为“民族特需工艺品最优产品”。1986年，在本省销售达8万多件，直接销往西藏、四川、青海等地2000多件。1990年，户撒民族刀具厂增购气锤、压力机、冲床、平面磨床、万能工具铣床等设备，加工产品年销售总额达到37万多元。1991年，被国家民委、轻工业部、国家税务局等评为全国少数民族用品先进企业，为当地经济发展、民族团结进步起到积极作用。同时，户撒个体手工业随之得到较大发展。1998年，个体户李德勇销售收入达15万余元，余建国等合伙生产的刀具年销售收入增长5万余元。当年，户撒全乡群众生产刀具728万件，产值2284万元，销售总额达2941万元，比1990年21.5万件，产值154万余元，销售总额102.66万元有大幅度增长。

户撒特色手工艺银器制作。1979年，政府专供用于制作民族银首饰的银为2000两。户撒的李曼呆寨是手工生产有名的村寨，有史以来出了不少的名师名匠，世代相传。所生产的银器主要为边疆各族人民佩戴的银首饰，有银腰铃、银项链、边毛链镯、泡花银镯、银耳环、银项圈、六方手镯、绞丝银镯、景颇银大泡、银腰链、盒包银销、银烟盒等。每逢节日、赶街、集会，阿昌族姑娘

就穿上点缀有多种银器的服装，为节目增添了一道亮丽的色彩。

阿昌族的传统手工业竹制品为竹编的桌、凳、椅、箱以及篾饭盒、篾书包、草烟盒等，造型模仿飞禽走兽，并涂以彩漆，非常的漂亮。户撒芒胆阿昌族村民几乎家家编竹制品出售，产品销往盈江、陇川等地，该村农民的总收入60%来自竹器销售收入。云龙阿昌族居住区漕涧仁山村的竹制品也非常有名。除铁器、银器、竹器制作外，砖瓦烧制、布艺染色、扎笤帚、酿酒等都是阿昌族的拿手手工技艺。一些阿昌族地区还兴办小型手工业工厂，从事农具、榨油、肥皂、松香等制作。木工、泥工、石工等工匠层出不穷。梁河县荒田村的曹春金是闻名遐迩的“细花木匠”；关璋村的赵安华、弄丘村的梁文昌均为建筑技术骨干；荒田、勐来、湾中等村的农户所酿制的小锅米酒，味美价廉，深受各族群众欢迎。

商品生产作为国民经济的重要组成部分，也是农村农民增加经济收入的重要途径。阿昌族人民因地制宜地认真贯彻执行党的方针政策，努力发展商品生产，取得了显著的成绩。1985 年，梁河县九保阿昌族乡总收入达 65.67 万元，比 1979 年增加 41.31 万元，增长 1.7 倍，其中粮外多种经营收入 40.38 万元，占 61.49%，比 1979 年增加 14.2 万元，占 54%。

乡镇企业。改革开放后，国家下拨了民族用品补助经费，集体经营企业购置了机械设备。阿昌族地区提出“大力发展乡镇企业，大力支持乡办、村办、联户办企业，四个轮子一起转，在企业内部，继续完善各种形式的经济责任制和经营承包制”。陇川县户撒阿昌族乡的集体乡镇企业和传统的家庭手工业获得长足发展，建设了户撒一级、二级电站；20 世纪 60 年代，在户撒线东寨侧开办的中型煤厂转为乡镇企业，生产的煤长期供应陇川、盈江、瑞丽等几个大糖厂；20 世纪 70 年代末，成立的户撒汽车队，有汽车 10 余辆，改革开放后转为个体运输，有各种中高档车数百辆。户撒硅，其储量之大在全州屈指可数。20 世纪 90

年代前，户撒硅石主要运往盈江冶炼；1995年，陇川电力公司在户撒建硅炼厂，年产金属硅500多吨。1996年，户撒乡发展6个乡镇企业，其中木材加工厂4个，石灰厂、陶罐厂各1个。传统手工业得到进一步发展。芒东下寨91户人中，从事刀具生产的83户，占91.2%，1985年总收入23.49万元，人均440元，其中刀具生产收入9.8万元，占41.7%。

随着经济责任制和经营承包制的不断完善，集体企业改制为个体私营。户撒乡统计资料显示，1992年，全乡有集体企业52个，个体私营974个，从业人员1026人，总产值27275万元；1998年乡镇企业总数为1067个，其中集体企业1个，私营企业1个，个体企业1065个。到1999年乡镇企业就增加到1210家，仅一年就新增143家，解决就业人员1921人，年产值达到2347万元。

梁河县九保阿昌族乡，1988年共有企业280个，其中，乡办企业1个、社办企业8个、个体企业271个，实现产值240.29万元。梁河曩宋阿昌族乡 1998 年有乡镇企业 935 个，实现产值 4011.21 万元（当时有小煤窑）。2007 年，有乡镇企业 237 个，其中，有限责任公司 2 个、股份合作企业 1 个、个体企业 234 个，实现产值 495 万元。梁河县有代表性的阿昌族企业有立旺畜牧场、兴宝茶场和帮钙酒厂。

集贸市场建设。改革开放初期，物资紧缺，市场冷清，阿昌族集市贸易主要经营一些竹木农具和铁器，赶集的多是当地的各族人民，商品经济不是很发达。随着市场经济的发展，上市品种不断增加，阿昌族地区加大对集市贸易设施的投入，陇川县的户撒、梁河县的曩宋和九保 3 个阿昌族乡都进行了农贸市场的修建改造。曩宋集市是梁河县内第二大集市，以路为市，每 5 天赶街 1 次。每逢街子天，商摊和赶街的群众熙熙攘攘，常常堵塞腾（冲）梁（河）公路的交通。1994 年，曩宋阿昌族乡征地建设专用集贸市场，面积 8386 平方米，建街棚 460.8 平方米，各类店铺 72 间，货台 280 平方米，总投资 45 万元。商摊和停

车场各有其位，疏导了交通，规范了市场。市场较为繁荣，每逢赶集，百货、农产品应有尽有。赶街的各族群众近的来自乡内各村，远的来自县内各乡镇和腾冲县，交易人数约 3000 人，交易金额近 20 万元。2001 年 5 月，在磨龙嘴公路边兴建大牲畜交易市场，占地 4800 平方米。逢曩宋街子天，县内县外的大牲畜在此交易，是德宏州内规模第二大牲畜交易市场。现搬迁至大盈江边，距原址北 2 公里。

九保农贸集市从前也是以路为市，2004 年，投资 35 万元，建设规范的农贸集市，占地面积为 1866.7 平方米，每 5 天赶 1 次街，平时每天有肉类、蔬菜销售，百货、农产品齐全。

1999 年底，户撒辖区有集贸市场 4 个，总面积为 5385.7 平方米，年客流量约 58.5 万人次，年成交额近 360 万元。

除建设农贸市场外，许多阿昌族家庭办起了经销店。阿昌族村民足不出村即可购到各种日用百货，到乡级集镇即可购到农药、化肥。据调查，梁河勐来村民委员会辖8个自然村12个村民小组578户，全村有百货经销店19户，平均每30户居民就有1个经销店。有的青年还到县城开服装店、小百货店，有的到州府芒市开茶叶经销店、百货店、饮食店、服装店和餐馆等。墩欠村们发福经销澜沧江啤酒并尝试开采硅矿；赵兴宝带着自产茶叶到省外开拓市场；勐科村孙家德承包经营锡砂，练就了市场营销的本领。这些青年走出封闭落后的环境，投身于市场经济大潮之中，开眼界，长见识，富了自己，带动了乡亲。

由于特殊的边境地理位置，许多阿昌族人民除在本地从事商品经营活动外，还从事一些边境贸易活动。陇川县户撒因特殊的区位优势，边境贸易日渐活跃，木材、中药材、玉器、食品等均成为这一带阿昌族人民的营销商品。

民族旅游业。随着改革开放的深入，第三产业成为阿昌族地区经济发展的主旋律，旅游业、运输业、餐饮业以及一些配套服务业不断兴起。

民族旅游业是一项新兴产业。作为中国西南

边陲的一个人口较少民族——阿昌族，有着古老而悠久的历史，居住区有着丰富的旅游资源、浓郁的民族风情、独特的民族文化和保存完好的民族风俗习惯，吸引着较多旅游爱好者。陇川县户撒阿昌族乡集民族、边境、侨乡为一体，旅游资源极为丰富，可建成一个以民族文化考察、观光、度假为主的旅游区，新推出的农家乐如雨后春笋般发展起来，美丽乡村和乡村振兴项目不断纳入乡村两级政府的规划，使旅游业成为户撒阿昌族乡的重要支柱产业之一。旅游产品户撒刀品种达50多种120多个花色，深受旅游者喜爱，或销往国内的西藏、青海、甘肃、内蒙古、四川等省区，或远销缅甸、泰国、印度和日本等各国。户撒的银器首饰、大米、红米线等也远播盛名。现在正在筹建户撒阿昌族美丽乡村建设总规战略，包括云南阿昌文化生态园、云南布董嘎之家、户撒铜壁关国家森林公园、皇阁寺公园等等。

阿昌族聚居地之一的梁河县的旅游开发也初具规模。南甸宣抚司署（俗称土司衙门）已有

500 多年的历史，并且保存十分完整，1987 年 12 月 21 日被列为省重点文物保护单位，1996 年 11 月 27 日被列为全国重点文物保护单位。这是研究云南少数民族史、地方史、土司制度及其建筑技术、艺术等方面的重要实物资料，吸引着众多的专家、学者和旅游爱好者。梁河县积极开发阿昌族节庆旅游。2005 年，国家和省立项，筹资 477.3 万元，建设阿昌族阿露窝罗节文化活动中心。2008 年 5 月 1 日，雄伟的青龙白象弓箭标志、汉白玉的遮帕麻和遮米麻雕像、《遮帕麻和遮米麻》长诗碑刻，在九保阿昌族乡永和自然村的主体工程竣工，标志着阿昌族阿露窝罗文化活动中心的建成。

2003 年，梁河县民族宗教事务局与北京中华民族园股份有限公司签约，投资 17 万元，组织梁河县九保阿昌族乡丙盖村永和阿昌族木匠赵安才的施工队，并在梁河采购了木料用火车运到北京，在北京中华民族园里建盖阿昌族特色民居。民居为一正两厢木榫结构组成的木屋院落，内置阿昌

族生活起居用具、服饰等。阿昌族民居的建成和展出填补了北京中华民族园中阿昌族传统文化的空白，向国内外广大游客展示了阿昌族的传统文化。

农村金融保险业。1978 年，户撒营业所发放给各村社购中型拖拉机、机械配件、牛马、种养殖、化肥、修房等贷款 270067 元，其中机械、化肥贷款占 228120 元，占总贷款数的 84.5%。这些扶持贷款对农业生产起到重要的作用。1979 年，户撒银行、信用社干部积极深入第一线，发放各项支农资金。1～9 月，共发放农业贷款 243266 元，比上年同期增加 14377 元，帮助社、队购买手扶拖拉机 10 部、手扶拉料机 24 部、打谷机 20 部、农机配件 14 件、手扶铁轮 22 个、耕牛 8 头、晒场 4 块、仓房 3 间、山羊 162 只、高压线 160 千米、化肥 805 吨、农具 725 件、籽种 1250 千克、烟秧 90000 株、柴油 2351 千克，支付 100 亩机耕费，帮助社员养猪 22 头，有力地支援了农业生产，促进了农业机械化。1984 年，户撒营业所直接扶持农民的生产、生活。对农业发放贷款数为730000元，其中小春128000元，对集体商业发放178800元，对个体经销发放21000元。1999年，户撒营业所共计办理对外现金收付261万元，全年累计办理业务笔数34567笔，没收假钞38张，计币1515元，年未共计开立存款账户2494户，年末各项存款余额达745万元，全年累计收回各项贷款186.65万元，累计发放各项贷款240.13万元，全年累计收取各项贷款利息8.7万元，支付各种存款利息4.19万元，确保了户撒乡各项社会事业工作的开展。

小额信贷。2007年，中央对阿昌族地区加大投入，户撒乡完成朗光、潘乐2个村委会的扶持人口较少民族项目，中央投入资金438万元；启动实施项姐、明社村扶持人口较少民族项目，中央投入资金380万元；实施朗光村整村推进项目，中央投入资金438万元。争取坪山村村委会抗麻村民小组为州、县级的扶贫示范点，组织实施全乡158户扶贫安居工程，完成坪山村中寨村民小

组的异地搬迁工程，发放政府贴息小额信贷扶贫款 430 万元。实施 2007 年度州级新农村试点村拉启村民小组建设项目。小额信贷项目的实施，增强了全乡的基础设施建设，改善了全乡群众的生产生活，收到了良好的经济效益和社会效益。

梁河县曩宋阿昌族乡和九保阿昌族乡原均有农业银行营业所和农村信用合作社各 1 个金融网点。2003 年 3 月和 2004 年 8 月，农业银行曩宋、九保 2 个营业所先后撤销，保留农村信用联社下属的信用社继续为农村服务。阿昌族农民的储蓄、贷款多由信用社办理；农村的“一卡通”“农村低保”等业务也由信用社办理。

九保乡信用社，1988 年该社有存款余额 310 万元，贷款余额 280 万元；2007 年该社有存款余额 1410 万元，贷款余额 1450 万元（其中小额贷款 1031 万元）。曩宋信用社，1998 年各项存款为 743. 45 万元，各项贷款 515. 56 万元，其中小额贷款 245. 08 万元，利息收入 43. 47 万元；2007 年各项存款为 2788. 55 万元，各项贷款 2141. 53 万元，其中小额农户贷款535.5万元，利息收入157万元。

2005年开始，保险公司还向包括阿昌族在内的农民提供各类保险服务。其中，最受欢迎的是房屋火灾保险和能繁母猪保险，2项保险都得到国家财政的帮扶，是国家惠农政策的一项。房屋火灾保险按每年每户6元的标准投保，其中财政补助3元，农户出3元，遇险理赔标准为6000元。2007年开始，保险公司和县畜牧局共同组织推广能繁母猪保险，每年每头母猪保费60元，其中财政补助48元，农户出12元，遇险理赔标准为1000元。这2项保险，包括阿昌族在内的绝大多数农民都参加了。在德宏州范围内阿昌族聚居区，梁河县成为开展农房火灾保险的第一家。

云南阿昌族地区社会事业全面发展

一、教育

党的十一届三中全会以后，教育战线经过拨

乱反正、正本清源，在20世纪80年代初期，及时提出了“小学要普及、初中要调整、高中要压缩”的办学指导思想，阿昌族地区加强小学教育，撤销不具备初中办学条件的附设初中，民办教师经考试合格转为公办，教师队伍得到加强。这一时期，阿昌族地区的中小学学制、教材和其他地区一样，实施教育部颁发的《全日制十年制中小学教学计划》，使用人民教育出版社出版的统编教材，考试制度、教学研究活动全面恢复，教师的工作责任感大大加强，教学质量有了一定的提升。

随着教育体制改革的不断深入，特别是科教兴国和西部大开发战略的实施，党和政府加大对教育的扶持力度，对人口较少民族实行“三免”“两免一补”等优惠政策，阿昌族地区的教育事业有了很大的发展。

（一）基础教育

2000年，梁河县阿昌族7~12周岁的学龄儿童1817人，入学率100%，县内普通中学有阿昌族在校学生728人，入学率72%，巩固率为82%，完学率为 85%，基本实现了“两基”的任务。2004 年，阿昌族地区的初级中学、乡中心小学、村级完全小学实验室基本达到验收标准，还装备了远程教育接收台。中学装备了语音教室，阿昌族的师生开始使用电脑、电视等多媒体教学设备。户撒、九保、曩宋 3 个民族乡的初级中学新建、改建为砖混结构的教学楼。梁河县曩宋中心小学得到云南省纪委捐赠资金 150 万元，加上州、县政府拨款 70 万元、学校自筹 5 万元，于 2006 年 2 月建起标准较高的教学楼和教师宿舍。阿昌族聚居的关璋、弄别、丙盖、横路、勐科、勐来、湾中、芒回等地的行政村级完全小学以及墩欠、别董、永和等地的小学都先后建盖了砖混结构的教学楼，阿昌族小学生都能在安全舒适的楼房内安心学习（师生宿舍、厨房等非直接教学用房还存在危房）。边境一线阿昌族小学和学前教育阶段学生还享受人民政府提供的免费营养餐。

2006 年开始，国家对九年义务教育阶段的学生免收杂费（小学、初中生从 1989 年起就免收学

费，只收杂费)，从2007年秋季起免教科书费，阿昌族儿童读小学、初中可以不花钱、少花钱。

同时，阿昌族地区的师资力量不断加强，素质得到不断提高。1985年，梁河县全县中小学有阿昌族教师78人，2007年，全县中小学有阿昌族教师105人。小学教师的学历合格率为1990年为67.6%，1995年为75.3%，2000年为90%，2007年为91.4%。

（二）社会教育

改革开放以后，特别是进入20世纪90年代之后，阿昌族村寨除有党小组、村民小组外，还陆续组建了民兵之家、妇女之家、青年之家、老年活动中心、治安小组、农民业余文化技术学校等群众组织。党支部、村民委员会通过上述群众组织对农民群众进行思想政治、法律知识、农业科技、计划生育、禁毒防艾等方面的教育，还开展一系列寓教于乐的文艺体育活动。

电视、广播和书刊也是阿昌族人民接受教育的重要形式。至1999年，阿昌族地区的电视、广播覆盖率达到100%，部分村寨还接通有线电视。通过电视、广播这样的现代宣传媒体，阿昌族人民不但可以了解党和国家的方针政策、国际国内形势，还认识了解外面的世界，获取大量信息，丰富了他们的文化生活，提高了他们的文化素质和创造能力。

（三）家庭教育

阿昌族也和其他民族一样，子女的一般生活常识和农用生产技能，都是从家庭传统教育中获得的。根据1999年云大调查组的调查，父母教育占77%，学校教育占9.1%，社会传媒占13.9%。由于受当地经济和文化发展水平的制约，传统家庭教育主要表现在下面几方面：一是衣食住行等基本生活能力的教育。二是家务活动的教育，如做饭、洗衣、喂猪、打扫卫生及一般农活等。三是基本生产技能教育。过去，家庭要求子女，女的要学会织布缝衣服，男的要学会打铁制刀。四是各种传统礼仪教育，主要是社会道德，如尊敬长辈和遵守寨规的教育。

现代家庭教育，各级妇联组织发挥着重要的作用。该组织定期组织有关专家开展社会调查和理论研究，协调、推动社会各有关部门积极组织开展家庭教育工作，动员社会力量举办各级家长学校，与教育部门共同对家长学校进行指导，并培训家庭教育师资，加强对家长学校的管理，使家庭教育、社会教育与学校教育统筹规划、协调发展。1998 年，九保乡家长受教育率达到 65%，2000 年达到 85%。

二、医疗卫生

党的十一届三中全会以后，阿昌族地区的医疗卫生工作步入正常发展的轨道。1979 年 3 月，全省疟防工作会议在梁河县召开，有力地促进了阿昌族聚居区的卫生防疫工作。随着改革开放的不断深入，县、乡、村三级医疗保健体系初步形成。各阿昌族乡均设有卫生院和防疫站，各村公所设有卫生室。卫生人员队伍不断壮大，一批批省州卫生院校毕业的专业技术人员充实到县、乡、村防疫卫生单位。国家还补助经费为村卫生室建盖或修缮房屋，配备听诊器、血压表、体温表、产床、药柜等医疗器具，使阿昌族村寨卫生室建设基本达到国家要求的村级卫生室合格标准。1988年，省、州人民政府检查考核，梁河县达到国家卫生部规定的“基本消灭疟疾”标准。

1994年，梁河曩宋阿昌族乡就有乡级卫生机构2个，病床25张，技术人员17人，全年就诊人次达2万多，各村设置卫生医疗点18个，医生20人。1999年，户撒乡村级卫生室整顿验收，10个卫生室合格6个，农村初级保健卫生工作得到普及和加强，阿昌族群众的就医条件得到彻底改观，基本解决以前“看病难、就医难”的状况。

在党和政府的领导下，阿昌族地区实行以计划免疫为中心，抓好“两防”工作为重点的卫生方针，加大力度做好“鼠防疟防”工作。梁河县九保阿昌族乡1999年儿童计划免疫接种率保持在85%以上，基本消灭麻风病和碘缺乏病，疟疾病的年发病率控制在10万以下。1999年，户撒乡建

立初保委员会，制定了《初级卫生保健实施方案》，并进行三轮小儿麻痹糖丸强化免疫，共计4293人次，为2000年基本实现人人享有初级卫生保健奠定了基础。

县、乡、村卫生部门还积极开展妇女儿童的保健工作，降低孕产妇和婴儿的死亡率。2000年以后，阿昌族地区的孕产妇死亡率为零，达到国家控制标准。

进入21世纪，医疗卫生事业进一步发展。2003年12月，阿昌族聚居区德宏州及县级防疫站更名为疾病预防控制中心，同时成立卫生监督大队，进一步加强对流行疾病的预防控制和卫生执法；监测和控制艾滋病的流行，对艾滋病感染者及艾滋病孤儿实施“四免一关怀”，即对艾滋病感染者免费提供抗病毒药物，免费提供咨询和初筛检，免费提供母婴阻断药物及婴儿检测试剂，对艾滋病致孤儿童免收上学费用；对艾滋病患者家庭实施关怀救助；对吸毒者给予美沙酮替代治疗。

县、乡、村三级卫生防疫队伍的加强推动了卫生防疫科学知识的普及，促进了爱国卫生运动的开展。阿昌族地区对儿童普遍进行计划免疫接种，对中小学生开展健康教育。在国家的帮助下，绝大多数阿昌族村寨接通了自来水，村民们喝上了清洁、卫生、安全的饮用水；大部分村寨修建公共厕所，部分农户建起带沼气池的卫生厕所，少数富裕农户还建起太阳能沐浴室。农村环境卫生有较大的改善。不仅防治了鼠疫、疟疾，还防治了麻疹、百日咳、伤寒、痢疾、肝炎等传染病，杜绝了甲类传染病患者的死亡，保证了各族人民的健康。

截至 2007 年，乡村两级医疗卫生基础设施进一步完善。户撒、九保、曩宋 3 个阿昌族乡的卫生院都建盖了混凝土的楼房，设置住院部。阿昌族聚居区的村民委员会基本上建盖混凝土结构的卫生室，配齐必要的医疗、防疫器具器械，均达到国家要求的村级卫生室合格标准。

“文化大革命”时期建立的合作医疗随着农

村经济体制的变革，于1982年基本撤销，各卫生室实行看病收费和自负盈亏。1998年，根据上级指示，选择少量村寨试行农村合作医疗试点保健管理制度。2006年，依据《云南省新型农村合作医疗管理办法》，阿昌族地区实施新型农村合作医疗制度。当年梁河县农业人口的参合率达到85.96%。2008年，阿昌族村寨的农业人口参合率接近100%。新型农村合作医疗制度的医疗费用按每人每年国家补助20元、省财政补助20元、农民出资10元（贫困农户由民政或红十字会助交）。参合农民医疗费报销比例为：村级门诊35%；乡级门诊35%，住院70%（病人起付50元）；县级中医门诊30%，西医门诊不报销，住院60%（病人起付100元）；县以上医院住院35%（病人起付300元）。新型农村合作医疗制度的建立大大缓解了农民看病难、看病贵的困难，防止农民"因病致贫、因病返贫"，受到包括阿昌族在内的广大农民群众的热烈欢迎。

三、人口与计划生育

1980年，中共中央发布《关于控制我国人口增长问题致全体共产党员、共青团员的公开信》，阿昌族的党团员、干部学习了该公开信。随即，阿昌族地区开始宣传国家提倡“一对夫妇只生一个孩子”的政策号召，提法由“晚、稀、少”改为“晚婚、晚育、少生、优生”。1982年底修订的《中华人民共和国宪法》重申了计划生育是基本国策，明确规定：“国家推行计划生育，使人口的增长同经济和社会发展计划相适应。”1984年，阿昌族地区的县级计划生育领导小组升格为计划生育委员会，所辖区（镇）均配备了1名计划生育专干，区以下的乡聘请配备1名计划生育助理员。

1988年，阿昌族地区明确计划生育工作由党政一把手负总责。户撒、九保、曩宋3个阿昌族乡在配置计生专职干部和兼职计生员后，明确了计划生育工作由乡党政一把手负总责，并纳入乡、

村领导的考核项目。1991 年 4 月 1 日起，阿昌族地区开始执行《云南省计划生育条例》，德宏州还执行州人民政府的《计划生育暂行规定》：夫妻双方均为傣族、景颇族、阿昌族、傈僳族、德昂族等本地少数民族的农业人口，一对夫妇可以有计划地安排生育两个孩子；有特殊困难的，可以有计划地安排生育第三个孩子，同时制定了不实行计划生育者的限制和处罚措施。

1998 年，阿昌族地区开始开展“婚育新风进万家”活动，通过“妇女之家”等群众组织对妇女宣讲计划生育的“应知应会”和“优生、优育、优教”的知识，一些阿昌族村寨被列为“文明村社”，还有一些阿昌族农户被评为“十星级文明户”。1999 年，梁河九保阿昌族乡利用新法接生率达到 80%，住院分娩率达 50%，孕产妇保健覆盖率达 60%，儿童保健覆盖率达 40%。

2002 年 9 月，《中华人民共和国人口与计划生育法》《云南省人口与计划生育条例》开始实施，规定阿昌族农业人口确有特殊困难的，可要求生育第三个子女。

2006年，《中共中央关于全面加强人口和计划生育工作统筹解决人口问题的决定》传达到阿昌族山寨，各个阿昌族村民委员会都将人口和计划生育工作列入村民自治公约。共青团支部、妇女之家等群众组织在计生工作中继续发挥积极的作用。是年，梁河县被列为云南省“出生缺陷干预试点县”，让新婚夫妇、孕产妇服用叶酸，减少和避免新生儿的出生缺陷。

2008年，梁河县被列为国家、省、州计生委“婚育新风进万家”活动试点县。在阿昌族村寨，“婚育新风进万家”活动和“关爱女孩行动”取得实效，生男生女一个样，科学、文明进步的婚育观念已初步形成。

四、科学技术

阿昌族群众长期从事农业生产，在实践中深刻体会到科学技术带来的好处。因而，学科学、用科学的积极性特别高。

陇川县户撒和梁河县九保、曩宋于1975年建立农机技术推广站后，在1979~1982年又先后组建了农技站、甘蔗技术推广站、茶叶技术推广站。进入20世纪90年代还成立了指导烤烟种植的“烟办”和指导栽桑养蚕的“蚕桑办”。在这一过程中，党和政府不断推广良种和新技术，先后推广薄膜育秧、湿润育秧和旱育秧等技术，并开始试种小麦、大油菜、小油菜等。1980年，推广种植水稻白秆“红根细”，比老品种“红根细”增产10%~20%，平均亩产200千克。1982年，农科站引进“京国92”试种12亩，平均亩产326.1千克，最高产达550千克，后大面积推广。1986年，引进地膜技术；1987年，采用地膜拱棚育秧182亩，稻谷亩产增长27.2%。20世纪90年代，地膜开始广泛用于玉米育苗。1999年，开始着重开发利用坡地，大量推广高产玉米。同时，科技人员还指导阿昌族农民对化肥、农药、农膜的使用，最大限度地提高了农作物的单产产量，促进了阿昌族地区经济的发展。

改革开放以来，阿昌族乡加快农业科学技术的宣传普及、推广应用工作。1984 年，新建梁河县农业技术中学（后更名为职业技术高级中学），招收初中毕业生学习文化基础课程和农业实用技术，一批批包括阿昌族在内的农村青年学到实用技术回村后成为推广农林牧渔业科学技术的能手。例如：弄丘村阿昌族青年回村后带头种柑橘，还使用竹筒滴灌技术；湾中村阿昌族女青年回村后为农户防治猪病。梁河县九保、曩宋 2 个乡的农科站推广双季稻种植技术、水稻旱育稀植技术和杂交水稻、杂交玉米种植技术，进行水稻三系春繁春制试验。2000 年后，引进无花莲藕，推广稻田养鱼。2002 年以来，推广姬松茸大棚种植技术。2003 年，推广冬玉米高产技术。2004 年，推广油菜旱育稀植技术。2006～2008 年，先后推广超甜玉米冬季农业订单、冬甜豌豆及马铃薯订单，还进行测土配方施肥。县甘蔗技术推广站在各行政村兼职甘蔗辅导员的配合下推广产量高、糖分高的甘蔗优良品种种植技术。县茶叶技术推广站

推广无性茶等茶叶良种种植技术。这些新技术的推广、应用，保证了农业生产的稳步发展。

同时，户撒、九保、曩宋 3 个阿昌族乡积极开展畜禽防治，良种饲料的引进、试验，推广防疫治疗和饲养管理技术。在各县兽医站的指导下，引进推广良种畜、家禽，如巴克夏猪、上海白猪、约克夏猪、狄高鸭、罗丝肉鸡等。还建立猪供精站，提高猪产仔率；引进改良的新品种猪，大大提高了出栏率，丰富阿昌族人民的肉类市场。如陇川县的户撒地区，改革开放之前，全乡年人均吃肉量只有 2.5~5 千克，2000 年后，年人均吃肉量已经达到 23.6 千克，增长 4 倍多。梁河县九保乡兽医站经多年实践，先后攻克了猪、牛、马的 9 种疑难病症，治疗大小牲畜 5 万多头，预防注射 10 万多头，阉割 10 万多头，还开展牛的人工授精。1995 年被省畜牧局表彰。

此外，鱼种站大力引导农民推广稻田养鱼、池塘养鱼，引进埃及江鳅、罗非鱼、红嘴鲤鱼等优良鱼种。1999 年，阿昌族乡实施“欧盟—中国”水牛项目，进行品种改良，成年牛的体重是原来老品种水牛的2倍。

林业部门则在阿昌族地区推广杉木、西南桦、毛叶枣、滇皂荚、白花油茶等林果种植技术，并帮助阿昌族村寨建设沼气池，减少乱砍滥伐。2001年，梁河县阿昌族聚居村寨永和村建起沼气池25口，被评为“沼气示范村”。小厂乡阿昌族聚居的黑脑子村是省、州、县、乡四级的“解决农民学科学难”试点村，在国家扶持和科技人员的帮助下建成沼气池57口、节能灶6台（只有4户未建），大大节约了木柴。沼气池的建设还带动了茶叶、猪的发展。实现每户1亩茶、每人1头猪，实现“猪—沼气—茶”的良性循环。

农业牧业职能部门利用会议培训、现场指导、媒体宣传等形式对农民进行培训，提高科技贡献率。2007～2008年，梁河县开展“新型农民培训”和“阳光工程”培训，丙盖、勐来、湾中等阿昌族的村民委员会都挂起了农业部授予的“新型农民科技培训学校”铭牌。

五、人民生活

改革开放以来，阿昌族地区顺利完成从计划经济到市场经济的转变，始终抓住经济建设这一主线，全面贯彻党中央“抓住机遇，深化改革，扩大开放，促进发展，保持稳定”的方针，克服困难，勤奋工作，促进经济和社会事业的稳定发展。1998 年，梁河县曩宋阿昌族乡全乡工农业总产值 3666.67 万元，农民人均纯收入 923 元，全乡粮食总产量 6550 吨，人均 292 千克，乡级财政收入实现 65.09 万元。1998 年，九保阿昌族乡全乡工农业总产值达 3105.36 万元，农民人均纯收入 974 元，全乡粮食总产量 4688 吨，人均 308 千克，乡级财政收入 49 万元。1998 年，陇川县户撒阿昌族乡全乡工农业总产值 2690 万元，人均纯收入 767 元，全乡粮食总产量 9507 吨，人均 455 千克，乡级财政收入 56.08 万元。

2007 年，户撒乡农村经济总收入 5145.14 万元，其中农业收入 3913.11 万元，林业收入 45.5

万元，牧业收入 746 万元，工业收入 140 万元；农民人均纯收入 916 元，人均占有粮食 341 千克；财政收入 63.4 万元，财政支出 286.7 万元，财政供养人员 147 人，城乡居民存款 1935 万元。

2008 年，梁河县农民人均纯收入 1392 元，比 1978 年的 65 元增长 20.4 倍，年均增长 10.8%；城乡居民人均消费性支出 6500 元，比 1990 年的 1341 元增长 3.8 倍，年均增长 9.2%；农民人均生活消费性支出 1420 元，比 1999 年的 446 元增长 2.2 倍，年增长 6.6%。全县金融机构存款余额 100000 万元，比 1978 年的 415 万元增长 240 倍，年增长 20.1%。其中，城乡居民储蓄存款 68000 万元，比 1978 年的 77 万元增长 882 倍，年均增长 25.4%。金融机构各项贷款 85000 万元，比 1978 年 673 万元增长 125.3 倍。曩宋阿昌族乡人民存款余额 2788 万元，发放小额信贷款 80 万元。

随着阿昌族农村社会经济收入的增长，农民生产、生活消费性支出相应增长，用于食品、衣着、居住、医疗保健、交通和通信、娱乐、教育

文化用品及家庭设备等方面的支出不断提高。从梁河县阿昌族聚居的关璋村、丙盖村的调查情况可以看到阿昌族地区社会经济收入和农民生产、生活消费性支出“两个增长”，阿昌族人民生活进一步改善。

阿昌族经济作物有甘蔗、茶叶、烟草、花生、油菜、核桃、板栗、桐油果等。阿昌族有 400 多年的种植烟草的历史。户撒阿昌族地区的烟叶，历经 400 多年种植历史的风霜历练，加工成精细烟丝后，色泽金黄，质地丰厚而松软，味道芳香醇美，享有盛名。阿昌族的户撒烟丝可与当地有名的缅箐烟丝相媲美，深受境内外边民的欢迎。水稻是阿昌族地区的主要粮食作物。阿昌族有悠久的种稻历史，也有丰富的耕作传统与技艺经验。在长期的稻作实践中，梁河阿昌族培养出了许多优良品种，如“毫安公”“靠母累”“靠母稀”，被当地各民族誉为“水稻之王”。

改革开放后，阿昌族已由过去单一的粮食作物种植，逐步改变为粮食作物的种植与甘蔗、茶叶、油菜、烤烟、果蔬等经济作物种植多样化发展的新局面。从 1980 年起，阿昌族地区开始实施家庭联产承包责任制，并从实际出发积极调整产业结构，促进农业生产发展。1992 年，户撒乡以发展烤烟作为经济发展的起点；1997 年起，又推广高产新品种大油菜，平均每户可增加纯收入 1000 元以上。2005 年，户撒全乡种植油菜面积达 34000 亩。户撒乡已成为陇川县的优质稻米、优质油料作物基地，也是德宏州的草果、板栗之乡。梁河阿昌族历史上长期缺粮。1980 年以后，梁河县阿昌族在人多地少居住分散的情况下，因地制宜，坝区以甘蔗为主，山区以茶为主，根据各个村寨的自然地理条件，实行多种经营、全面发展的方针。在山区、半山区走科学种田之路，推广杂交水稻、杂交苞谷，并实行多种经营，村民们逐步脱贫致富。

2000 年，除县、乡两个刀具厂外，户撒乡从事制铁加工的农户约有 500 户，近 1000 人从业，年产量达到 6 万多件。2003 年，国家又投入 5 万

元扶持部分制作户购买机械设备，改变了过去全部用手工操作的方式。户撒刀曾多次在国内获奖，产品远销西藏、甘肃、青海、内蒙古、四川等省区及东南亚国家。

改革开放以来，梁河县阿昌族的乡镇企业从无到有得到发展。当地先后办起 4 个茶场。1995 年，在国家的扶持下又办起了茶叶加工厂，产品畅销省内外。1977 年、1999 年梁河县先后建立起 2 个日处理甘蔗分别为 1500 吨、1000 吨的制糖厂。国家实施农村家庭联产承包责任制后，解放了大量农业劳动力，阿昌族农民纷纷从事第二、第三产业。他们有的人自办畜牧场养奶牛，鲜奶在当地畅销；有的开办了酒厂；有的开办石灰石矿厂；有的承包林场采松脂；有的进行粮食加工；还有一批阿昌族木、泥、石工匠走出大山去搞建筑工程。2005 年，梁河县 2 个阿昌族民族乡的乡镇企业达到 640 个，总产值达 2242 万元。

改革开放以来，随着社会主义市场经济体制的逐步建立，许多阿昌族农民已开始丢掉羞于经商的观念，纷纷投身商海。有的阿昌族农民到国家二类口岸章凤经营布匹或从事木材、玉器、中药材、土特产品、钢材、日用品等的边境贸易。户撒阿昌族的“过手米线”是特色饮食，当地一些阿昌族看准了市场，将米线店开到了州府芒市，深受顾客欢迎。20 世纪 90 年代中期以来，户撒、九保、曩宋 3 个乡政府先后建起了农村贸易市场，形成了以民族乡政府驻地为中心，以附近村寨为支点的农村市场网络。在热闹的农贸市场内，阿昌族卖户撒刀、农具及进行农业机械加工、钢材销售，杂货店、饮食店、理发店、服装店、家具店、旅社随处可见。还有一些阿昌族从事客、货运输，仅户撒乡就有 200 余辆汽车。多种经营活动欣欣向荣。

第五章　阿昌族杰出人物

神话历史人物

遮帕麻　阿昌族创世神话史诗中的男性人类始祖。他创造了天以及天空中的日月星辰，因此，遮帕麻又叫“天公”。

遮米麻　阿昌族创世神话史诗中的女性人类始祖。她创造了大地以及大地上的山川河流，因此，遮米麻又叫“地母”。人类是遮帕麻和遮米麻结合以后繁衍出来的，人间的一切都是他们共同创造的。

腊訇　阿昌族创世神话史诗中最大的恶魔，专门与遮帕麻作对，残害百姓，荼毒生灵。

桑姑妮　阿昌族创世神话史诗中的盐婆神，是遮帕麻的第二个妻子。

栗佐　阿昌族早期的酋长，他英勇善战，吞并了几个部族，建立了部落联盟，雄踞一方。

孟仰　栗佐的义子、女婿，继承了栗佐的酋长之位。他是一个臂力过人、才艺超群的英雄。

早概　阿昌族传说中的大英雄。约在南诏时期，在云龙一带建立了强大政权，他制定了很多治理社会的制度。例如：获得铁印的人才能继承酋长之位，酋长之位由长子继承；对婚外恋者处以巨额罚款，甚至杀头；驱逐盘剥和奴役百姓的侵略者等。在他的治理下，这一地区社会安定，人民富足，人丁兴旺。

奴六　孟仰的第六或第七代孙女，英雄人物早概的母亲。她长得如花似玉，且聪明过人。她善于堆砌石塔，所砌石塔任凭风吹雨打都不倒塌。传说大理的三塔就是她建造的。

早疆　早概的第十五或十六代孙子，酋长继承人，大理国时期接受段氏大理国的统治。

早褒　早概的第三十二代孙子，云龙地区的最后一位酋长。他宽宏厚道，讲义气，但有勇无

谋。其酋长位被阴险狡诈的客民李贯章篡夺，云龙地区陷入连年的混战，大量阿昌族人民纷纷逃离故土，向西迁徙。

早纳 是开辟漕涧坝的拓疆者。明洪武十六年（1383）率部归附明朝，被授予漕涧土千总，于1475年世袭土酋，至清朝咸丰年间，其统治在以杜文秀为首的滇西回民起义浪潮冲击下才最终瓦解。

早章 部落首领，擒贼有功，明永乐五年(1407)，明朝廷赐茶山长官司长官。

早奔 部落首领，平叛有功，明永乐六年(1408)，明朝廷赐里麻长官司长官。

林养中 阿昌族首领，雍正《云龙州志》载："林养中，阿昌彝也。生而魁梧猛鸷，有膂力，善用弩，能敌数十人。方段进忠猖乱时，防护澜沧渡，保障苏溪铺，侦探出战，甚效力。及进忠即成擒。"在平乱、保卫旧州安全方面，为朝廷立过功。后因客商侵利严重，主张捍卫阿昌族利益，要求恢复阿昌族土地权和统治权。这一主张与明王朝改土归流的政策严重冲突而被朝廷排挤。林养中被逼西渡怒江，在茶山、里麻集结力量，欲进攻云龙，恢复故土。因喇武、李直告密，明天启四年（1624）被诱捕残杀，起义被平息。

早万相 明万历四十八年（1620），因计献逆酋段进忠有功，被封为土守备。明朝廷恩赐冠带，赐姓左，阿昌族土司从早姓改左姓，始于此人。亦名左万相。

左文伟 漕涧土司左万相三子，在明光、茨竹守边关时被野人荼毒，清顺治十一年（1654），文伟率领弓弩手百余名，携母刘氏迁往腾冲，首任土守备司官。腾冲明光、茨竹阿昌族土司政权始于此人。

左大雄 清道光十年（1830）承袭，字魁武，号艺林，《早陶墓碑墓志铭》撰写者，文武双全，守护边关城池，搜拿要犯，屡立战功，受到两广总督林则徐称赞。

左孝臣 清光绪二十六年（1900）英国侵略军以勘界为名，入侵滇西边地片马，清朝廷软弱

不应战。面临国破家亡，左孝臣率部英勇抗敌，终因孤立无援而处劣势，他身中 8 弹殉国，部众 137 人全部阵亡。民国年间，李根源倡导为其立碑题诗。

党政军界优秀阿昌族干部

现当代以来，阿昌族中产生了一批优秀的民族干部，在抗日战争、中华人民共和国的建设以及阿昌族的发展中都做出了贡献。中华人民共和国成立初期，在民主建政中，成长了一批阿昌族干部，其中代表人物有穆光荣、梁祖昌、银恩铭；伴随着党的民族政策大力培养提拔民族干部的落实，党的十一届三中全会后，一批优秀代表茁壮成长，雷翁团、赵家培、孙春兰、赵兴卓、李德广、孙家柱、梁其刚、赵兴海、李维献、雷天四、闫敬东等多名优秀干部先后被选任为厅级、副厅级、县处级领导。曹自芹（女）、曹明强、张益俊先后被选为全国人民代表大会代表，曹春叶（女）被选为党的十九大代表。军界代表人物为赵兴祥。

项老佐（1902～1995） 陇川县户撒阿昌族乡朗光村腊姐大寨人。阿昌族老一辈革命家，中华人民共和国成立后首批阿昌族干部之一，曾担任六届、七届陇川县政协常务委员，德宏解放初期为阿昌族地区的建设做出了重大的贡献。他虽然无文化，但兼懂汉语、傣语、景颇语、阿昌语、缅语等多种语言，能联系各民族群众，积极参与各种社会活动，顾全大局，从不向组织提出过分要求，即使在病危期间，还不断地教育子女“要理解政府困难”。项老佐一生光明磊落，忠于党和人民，多次被评为县区先进模范人物。

赵安顺（1917～1938） 梁河县九保阿昌族乡横路村芒掌老寨人，抗日英烈。1931 年，国民党云南地方政府在大厂筹备建立设治局，并成立民众自卫大队，负责设治局的安全。设治局大肆招兵买马，推行保甲制度，实行“三丁抽一，五丁抽二”的兵役制度。1934 年，赵安顺应征入伍。1937 年抗日战争全面爆发，即被调派前线。

1938年春季，参加台儿庄战役阵亡。抗战胜利后，国民党云南省军事部向赵安顺之父赵启贵寄来阵亡通知书，上面写有云南省南甸宣抚司大厂设治局，赵安顺抗日阵亡，抗日有功，其家属粮草杂派减免等内容。

孙家兴（1926~）　梁河县杞木寨乡湾中村人。德宏解放前夕参加过地下党领导的外围组织活动。1962年，到北京参加五一国际劳动节观礼，受到刘少奇、周恩来、朱德、邓小平等老一辈革命家的接见。

孙家柱（1928~1992）　梁河县曩宋阿昌族乡河东孙家寨人。1950年，加入中国新民主主义青年团。1951年，参加民兵联防队，并到遮岛迎接中央访问团，同年6月到云南民族学院学习文化。1952年，到陇川县工作，1953年，回家乡梁河工作。1981~1982年，他首先提出成立梁河阿昌族自治县的设想，并亲自写稿交全国人民代表大会代表曹自芹。曹自芹两次在全国人民代表大会上提交议案，后来两个议案都由国务院办理答复，因人口比例少等原因，未获批准。但议案受到了中央及省、州党委、政府的重视，给予梁河县和阿昌族许多照顾。1983 年德宏州人大常委会确定阿昌族的节日为“阿露窝罗节”时，孙家柱任州人大常委会委员，对于确定此节日名称，他起了重要的作用。他在世时，每逢此节，都亲临现场。1988 年撤区建乡时，在以孙家柱为主的阿昌族干部群众的提议下，上级党委、政府批准成立了曩宋、九保 2 个阿昌族乡。他热心民族文化的推动工作，倡导移风易俗，弘扬优秀的民族传统文化，大力支持成立阿昌族文学讨论会，成立阿昌族民间文学调查组，经过多年收集整理，抢救了一批宝贵的民间文学资料。对阿昌族民间文学资料和研究论文的出版、阿昌族电视短剧的拍摄都给予了很大的支持和帮助。

梁祖昌（1936~1988）　梁河县曩宋阿昌族乡弄丘村人，1953 年加入了民兵组织，1955 年参加中国人民解放军。他是梁河阿昌族中参加中国人民解放军最早的一批人员之一，作为一名阿昌

族军人，长期在边防部队民族连工作，他懂阿昌语、汉语，又懂傣语、景颇语，能自如地翻译4种语言。这种特长对带好各民族子弟兵、团结边疆各族群众大有帮助。

赵家培（1950～） 梁河县人，中共党员，曾担任云南省德宏傣族景颇族自治州人民政府副州长、人大常委会副主任、巡视员。云南省第十八届人大代表、第七届全国人大代表。从事领导工作多年，政治原则性强，善于从大局出发，注重统揽全局、把握方向，工作有思路、有条理，具有丰富的领导和管理经验，特别是在运用民主集中原则、运转领导班子、团结同志等方面，具有较高的领导水平；擅长结合具体工作搞研究，利用理论指导实践，并在工作中积累了比较丰富的经验。由于业绩突出，贡献大，多次受到上级的表彰。1983年被云南省人民政府授予“云南省民族团结模范人物”，1988年被评为“全国民族团结进步先进个人”，1995年被中共云南省委评为“优秀县（市）委书记”。著有《云岭论坛》，主编了《阿昌之魂》，主持制作了首张阿昌族歌舞歌曲 VCD《腊鹭崩》，发表了多篇阿昌族文化相关论文。撰写的《面向新世纪的党性修养》刊登在中共云南省委党校《创造》（1999 年第 8 期），《跨世纪的农业和农村经济战略思考》在中共德宏州委党校、德宏行政学校《理论学刊》（1999 年第 2 期）刊出，《解放思想、更新观念、抓住机遇、加快发展》刊登在《中国当代社科研究文库》。为弘扬阿昌族传统民族文化、推动边疆民族地区经济繁荣与发展做出了重大贡献。

雷翁团（1954～） 云南陇川县户撒阿昌族乡人，1969～1975 年在部队服役，1979～1986 年在陇川县委组织部工作，任组织干事，1986 年 9 月任县委组织部部长，1993～1996 年任陇川县委副书记，1996 年 9 月后调任中共梁河县委书记。曾任德宏傣族景颇族自治州政协副主席、云南省林业厅副厅长等职务，曾任云南省社科联党组成员、副主席、巡视员。

曾当选为云南省第五次党代会代表、第九届

全国人大代表、云南省第九届人大代表、云南省第七次党代会代表。

曹明东（1958～）　梁河县曩宋阿昌族乡关璋村人。现任德宏傣族景颇族自治州电视转播台台长，主编并出版发行了阿昌族首张歌曲舞曲专辑，导演电视音乐专辑《腊鹫崩》和《阿昌族情歌对唱》，现任芒市地区阿昌族学会会长。

赵兴祥（1959～）　梁河县九保阿昌族乡丙盖村人，现任昆明陆军学院军事教官，大校军衔，是目前阿昌族中军衔最高的军官。

科教文卫杰出人物

阿昌族社会发展中，在科教文化卫生领域涌现出一大批杰出的人物，对新中国的发展以及长期以来阿昌族社会各方面的发展做出了重要的贡献，代表人物有熊腊摆（召曼峨）、杨明恒、曹依秀、许洪金、藤茂芳、杨叶生、孙宝廷、曹明东、曹明强、曹先强、左绍远、曹德玉、赵家福、梁其权、闫敬华、闫敬芳、张立一、赖新朴、余婕、孙曦娥、冯其莲、项老赛、曹榕、曹明正、赵兴鲁、曹德传、赵兴祥、赵家祥、雷应洪、孙承廷、曹先荣、马生标、张恩启、穆文忠、许本学、曹金生、线贵友、孙曦娥、雷焕香、雷庆生、赵家增、雷永普、熊久常、许元升、杨磊、王斌等等。

曹依秀（1892~1970） 女，原名曹佬秀，生于梁河县九保阿昌族乡小龙塘村。中华人民共和国成立前，梁河鼠疫流行，其丈夫患鼠疫身亡，生活艰难。中华人民共和国成立后，她积极响应党和政府的号召，全力投入灭鼠运动。20 世纪 50 年代初期，梁河地区开展了群众性爱国卫生运动，曹依秀在防疫队的宣传鼓动下，积极投入了挖捕老鼠的活动中。1951 年，她一人捕鼠 650 只，成为捕鼠积极分子。1952 年，又捕鼠 1024 只，被评为梁河县的捕鼠模范，出席了云南省卫生模范会议，被评为二等卫生模范，选派到北京，见到了毛泽东主席。这期间，有的善男信女说她杀生害命，不讲道义，有的谑称她为“老鼠模范”。她

顶住了冷嘲热讽，坚持捕鼠除害，1954 年第二次进京受表彰。1955 年，先后被评为省、县的捕鼠模范，第三次进京。1956 年，年过花甲的她还到县内外现场指导捕鼠，传授捕鼠经验，先后应中华医学会昆明分会邀请到昆明做学术报告。1957 年，由于曹依秀在历年挖捕野鼠的实践活动中，留心观察野鼠的生活习性，并不断加以总结，挖捕野鼠的经验渐趋成熟，在多次现场传授挖捕野鼠的示范中，对识别鼠洞与非鼠洞，判定洞内有无老鼠，是昼蛰，还是夜伏，有鼠的洞内是成鼠还是幼鼠等，其判断准确性之高，判断理由之充分，令人折服，因而被誉为“捕鼠专家”，推举为全国政协委员，出席了全国政协第二届第三次会议，会议期间作为卫生界的代表受到了毛主席的接见。1958 年，她到省内的澄江县、西畴县等地区“传经”，出席了云南省建设社会主义妇女积极分子大会。省妇联发出号召，要求全省妇女开展“学曹依秀、赶曹依秀”除害灭病、讲卫生的竞赛活动。同年，先后出席了全国妇女建设社会主义积极分子代表大会（被评为“三八红旗手”）、云南省“除四害、讲卫生、灭疾病”会议、全国农业社会主义建设先进单位代表会议，被推举为科普协会全国委员会委员。1959 年，曹依秀捕鼠方法被拍成新闻纪录片广为播映，国内许多医学院及科研单位纷纷邀请她前往做报告，并做现场示范。1960 年，她的捕鼠事迹被编入云南省小学语文课本，先后被聘为中国医学科学院特约研究员，北京市卫生防疫站和云南省防疫站技术顾问，北京医院、昆明医学院、云南省医专特邀讲师。1962~1965 年，曹依秀被推举为政协梁河县第三、第四、第五届委员会委员，并被选为第三、第五两届的常委，她曾先后七次进京，五次受到毛泽东、周恩来、彭德怀、李德生等党和国家领导人的接见。1970 年去世，终年 78 岁。

赖思忠（1904~1978） 陇川县户撒乡田心寨人，民间著名的雕刻家。他出生在一个木匠世家，自幼跟随父亲学习木工。他聪明过人，勤学苦练，很年轻就学得一手雕刻的好手艺。他擅长

在房屋建筑上雕龙刻凤，还擅长雕刻佛像。20 世纪二三十年代曾到陇川、盈江参加建盖奘房，20 世纪 40 年代参与修复光哏奘房、莱结奘房。中华人民共和国成立初期曾到隆光大队制作水车，抵御旱灾，为阿昌族地区抗旱救灾贡献了力量。1977 年初，应皇阁寺住持的邀请，参加修复名胜古迹皇阁寺，负责雕塑神像。皇阁寺现存玉皇大帝、地母等神像均出自他手，为名胜古迹的保护做出了重要的贡献。1978 年 7 月病逝于皇阁寺内。为了纪念他的功劳，皇阁寺专门为他设了香案，供奉他自刻的雕像。

赵安贤（1923～1997）　梁河县九保阿昌族乡横路村曹家寨人，著名的阿昌族活袍，创世史诗《遮帕麻与遮米麻》的演唱者。赵安贤是阿昌族创世史诗的传人，他能用阿昌语念诵最完整的《遮帕麻与遮米麻》。1980 年，经杨叶生翻译，云南民族学院学者杨智辉、兰克收集整理，于 1981 年由云南人民出版社出版发行。该创世神话史诗于 2006 年 5 月被国务院批准进入第一批国家级非物质文化遗产保护名录。

赵安培（1925~1999）　梁河县九保阿昌族乡芒掌新寨人。是活袍传承人、民间歌手，擅长“念四句”“蹬窝罗”“玩春灯”等。自幼喜爱民族舞蹈，虽不识字，但口才很好，精通阿昌族各种民歌的曲调和唱法，并能即兴编唱歌词。他通过“念四句”的形式，热情地歌颂共产党，歌颂社会主义和阿昌族人民的新生活。多次参加阿昌族民间文学作品的搜集整理工作，口述了大量民间故事。1980 年，他到北京参加全国少数民族民间艺术表演，积极宣传了阿昌族的习俗风情。到了晚年，赵安培还能念诵阿昌族“活袍经”（活袍调）。

滕茂芳（1926~1997）　陇川县户撒阿昌族乡人。是该乡有名的铁匠师傅，他打制的刀炉火纯青，深受消费者喜爱，所以远近闻名。也是一位阿昌族民间文化爱好者，对阿昌族民族文化的传承和发展做出了重大的贡献。他还担任过陇川县政协委员、德宏傣族景颇族自治州政协委员，

是云南省作家协会理事、云南省民间文艺家协会会员、德宏州民间文艺家协会会员和陇川县县志编纂委员会顾问。他一生收集整理、创作和讲述了很多户撒阿昌族民间文学诗歌、谚语和传说故事，并在省州创办的文艺刊物上发表过多篇作品。他还是一位出名的阿昌族民间歌手，他演唱的阿昌族民歌《妹是一只点豆雀》《唱歌跳舞向着党》《红太阳光辉照户撒》等词谱曾发表于州内外刊物。

赵安儒（1939～1998）　梁河县九保阿昌族乡丙岗村人，小学高级教师。1960 年，毕业于昆明民族师范学校。毕业后长期在家乡“一师一校”山村小学任教。1979 年，被评为云南省模范教育工作者。1981 年，被推选参加全国少数民族教师参观团，到内蒙古、北京、天津、上海等地参观学习。

曹明宽（1943～）　梁河县九保乡勐科村小龙塘寨人，他是一位活袍，也是国家级非物质文化遗产《遮帕麻与遮米麻》神话创世史诗传承人。12 岁学习民俗礼仪，30 岁开始主持各种宗教祭祀活动，36 岁正式袭职活袍，主持祭祀。能念诵本民族创世神话史诗《遮帕麻与遮米麻》，并根据祭祀对象念诵不同的段落。在阿昌族重大传统节日“阿露窝罗节”及在民俗活动中，在百姓起房盖屋、娶亲嫁女的寻家谱仪式中，都能听到曹明宽唱诵《遮帕麻与遮米麻》的创世段落。他能用阿昌语、汉语、傣语、景颇语主持祭祀活动祈求安康，被视为阿昌族传统活袍文化的重要守护人。

多年来，曹明宽在本族重大节日和举行祈神、驱鬼、祭寨、祭谷魂等活动中念诵创世神话史诗，娴熟掌握本民族各种祭祀仪式、相关禁忌和习俗礼仪，深受阿昌人民尊敬。

杨明恒（1945～2009） 1945 年出生于陇川县户撒阿昌族乡腊撒曼东寨，阿昌族文化爱好者、民间摄影家，拍摄过《美丽昌乡——户撒》《老佛爷升天》《曼东奘请佛爷》《昌家进洼》《正月初九摆》等反映阿昌族风土人情和宗教习俗的纪

录片，为阿昌族传统文化的传承做出了贡献。

杨叶生（1949～）　梁河县九保阿昌族乡丙盖村人，在中央民族学院接受预科、汉语系本科教育。20 世纪 70 年代末至 80 年代初，翻译、整理阿昌族民间文学，参与搜集、翻译并协调出版阿昌族创世史诗《遮帕麻与遮米麻》。还执笔整理了阿昌族历史英雄传说《早概》。2003 年 2 月，参与《阿昌族今昔》专著的编写工作，任副主编。

许洪金（1949～）　阿昌族著名的佛塔建筑师。陇川县户撒阿昌族乡曼那上寨人，现任曼回奘“板达嘎”。1960 年在奘房当小和尚，在奘房跟佛爷学习傣文佛经和巴利语。“文化大革命”期间被迫还俗。在建佛塔、画佛像、塑佛像、制作木雕、制作佛伞、撰写佛经、扎白象等方面有很高的造诣。1981 年参与修建海喃塔；1982 年参与修建曼门塔，主要负责绘画；1996 年设计并修建拉启塔；1999 年设计并修建腊撒曼旦塔；2005 年设计并修建东山曼旦塔；2007 年负责修复曼捧奘小塔；2008年负责修复皇阁寺奘房小塔。

左绍远（1960~）　云南省云龙县人。大理学院生物化学教授、硕士生导师、教研室主任。1982年7月，云南师范大学化学系毕业，获理学学士学位；同年8月，到原大理医学院生物化学教研室任教。1994~1995年，在中山医科大学从事国内访问学者研究工作。2000年，获昆明医学院生物化学与分子生物学专业理学硕士学位。2001年，获教授任职资格。2001~2002年，在泰国东方大学从事学术交流。2002年至今，在大理学院生物化学与分子生物学教研室任教，主要研究方向为多糖类的生物化学研究及生物资源的应用开发研究。先后承担省科技厅、美国中华医学会（CMB）、省教育厅及大理白族自治州、大理市科技局等处的科研项目8项；开发功能性保健食品1种；获国家发明专利1项；出版教材1部；发表学术论文40余篇。

曹先强（1961~）　梁河县曩宋阿昌族乡关璋村人。电视导演，阿昌族作家、学者，云南电

视台高级编辑。1985 年，中央民族学院毕业后分配进入云南电视台工作。2001～2003 年，在云南大学人文学院中文系研究生班攻读民俗与民族文化专业。2015 年 5 月，鲁迅文学院第十七期民族文学创作培训班学员。2015 年，成为中国作家协会会员。1996 年起，先后担任云南电视台文体部副主任，体育部、文艺部、大型活动节目中心主任，生活资讯频道总监。1997 年，荣获第五届全国民族文学创作奖。2001 年，被中共云南省委宣传部、云南省文联授予“云南省德艺双馨中年青年艺术家”称号。主编有《阿昌族文化大观》《阿昌族文化论集》。作品《故乡那高高的粘枣树》获第五届全国少数民族文学“骏马奖”，两度荣获云南省“边疆文学奖”。作为阿昌族的第一个电视导演，第一个电视新闻系列高级职称的获得者，他在阿昌族文化发展过程中是经历者、见证者、参与者。曹先强因推动阿昌族民族文化发展有贡献，2012 年 6 月 12 日作为阿昌族文艺工作者代表，被选拔参加第四届全国民族文艺会演，在首都北京受到党和国家领导人胡锦涛、温家宝、贾庆林、李长春的亲切接见。

左治华（1962~） 云龙县漕涧镇人，云龙县阿昌族学会会长、漕涧镇人大主席，与漕涧镇阿昌族文化传承人左骞共同编著由云南人民出版社正式出版发行的《云龙阿昌史话》一书，为县阿昌族学会的发展做出不少贡献。

罗汉（1963~） 保山市昌宁县人。阿昌族作家，笔名罗涵，原名金仓，代表作有中篇小说集《阿昌女人》、长篇小说《紫雾》、报告文学集《1992 中国滇南大行动》、散文集《木康雨话》、电视剧剧本《莽古河畔》、电影文学剧本《边地纪念碑》等。短篇小说集《红泪》获第六届全国少数民族文学“骏马奖”、长篇小说《紫雾》获第八届全国少数民族文学“骏马奖”。

张一立（1963~） 原名张立慧，女，云南省德宏州梁河县九保阿昌族乡丙盖村人。1985 年，毕业于云南艺术学院美术系。现任德宏师范高等专科学校教师。1992~1993 年，在中央美术

学院国画系进修。1982年，其作品《阿昌山寨》参加全国少数民族美术作品展，获佳作奖，成为中国美协云南分会会员。其中，作品《节日》《踏雾》等在1994～1997年参展全国少数民族百花美术作品展，荣获两次全国铜奖。多次参加全国美术展荣获优秀奖，其中《阿昌山寨》《老艺人》《赶集》等作品，被中央民族文化宫收藏。作品《欢度窝罗节》等也相应在全国各地展出并多次获奖。

30多年来，张一立把美术工作当作一项崇高的事业，全身心地投入到美术教学和美术创作工作中，不断尝试不同的艺术手法，从人物工笔画转为重彩花鸟画，又从重彩花鸟画转变为阿昌族民风画。她怀着对美术教育教学的热爱，怀着对家乡、对阿昌族的挚爱，循着自己成长的足迹，走进阿昌族的村村寨寨，用美术特有的方式，捡拾阿昌族历史和生活的碎片。其作品蕴含着丰富的生活容量、丰厚的思想内涵、幽邃的历史深度、浓郁的时代氛围。她的重彩花鸟画取材于德宏亚热带独有的植物和鸟类。她用独有的以黑背景来作画的艺术手法来表现大榕树的盘根错节、藤盘环绕这一题材。

闫敬芳（1964～）　女，云南省德宏州陇川县人。1986 年，毕业于中央民族大学汉语系，获汉语言文学学士学位，是中央民族大学第一个在档阿昌族女大学生。毕业后分配到德宏州民族师范学校任教，2004 年学校合并到德宏师专任教至今。2000 年获高级讲师资格，2011 年被评为副教授，现为德宏师专人文学院中文系教师。在任教的 30 多年中，先后担任过十几门课的教学工作，教学态度端正，教学作风严谨，教学方法多样，深受学生喜爱，教学效果显著。先后三次被评为省、州、校级优秀教师，三次被评为州、校级优秀班主任。除搞好教学工作外，积极从事科研工作，先后在各级各类刊物上发表科研论文 12 篇，有 2 篇论文参赛获一等奖和二等奖。2008 年，参与校级课题“普通话课程改革”的研究，结题后获二等奖。编写过《外国文学》和《普通话》教

学大纲。在普通话和演讲方面有特长，从 1992 年至今，一直是云南省普通话水平测试员和视导员，负责学校及全州的普通话测试督导及复查工作。因工作认真负责，成绩突出，先后四次被评为省优秀语言文字工作者和优秀测试员。曾多次参加省、州级演讲、朗诵、普通话等比赛并获奖。多次辅导学校师生及外单位人员参加各级各类演讲、朗诵比赛并获奖，每年都应邀担任全州各级各类演讲比赛的评委工作，对全州演讲比赛活动给予积极支持。现在担任德宏师专语委办主任、普通话测试站常务副站长。

们发延（1965～） 梁河县曩宋阿昌族乡瑞泉村登欠寨人，现任国家民委民族文化宫博物馆馆长兼展览馆馆长。1988 年，毕业于中央民族学院，获民族学学士学位，后分配到民族文化宫展览馆工作。曾先后任民族文化宫展览文物部主任、展览编辑部主任，中国民族博物馆业务室副主任、研究部主任等职。参与撰写的百卷巨著《中华文化通志》，本书荣获 2000 年第四届国家图书奖荣誉奖。

张益俊（1965～） 陇川县户撒阿昌族乡腊撒村人。1989年，毕业于云南中医学院中医系，获得医学学士学位，以优异的成绩从云南中医学院毕业踏入了州人民医院的大门，从那时起，他便把救死扶伤作为自己的神圣职责。当时州人民医院骨科技术薄弱，外科和骨科不分，虽然张益俊学的是中医专业，但经过几年的临床实践，渐渐地他对骨科产生了浓厚的兴趣。为尽快掌握相关的业务技能，他不分昼夜刻苦钻研骨科医学，并多次到外地进修学习，不断地在骨科领域里探索，积累了丰富的知识和经验，使州人民医院骨科逐步成为一个独立的科室，骨科的水平也因此上了新台阶。几年来，在院领导的关心支持和他的带领培养下，骨科人才济济，在学科建设、学科发展、引进发展新技术等方面都有了新的突破，住院病人数、手术台数、经济收入逐年递增，实现了社会效益与经济效益同步增长。在长期的医疗临床实践中，张益俊始终坚定不移地追求一流，

不断为科室员工确立一个个新的目标，带领科室员工一次一次实现新的跨越。现为德宏傣族景颇族自治州第十届政协常委，担任集团人民医院骨科主任、大理学院兼职教授、云南省医学会骨科分会常委、云南省创伤修复与重建学会委员、云南省血管外科学组委员、德宏傣族景颇族自治州医学会中医分会副会长等学术职务。他多次荣获省、州级科技进步奖与突出贡献奖，多次被评为院先进工作者。被省州授予“职工职业道德先进个人”“云岭优秀职工”称号。2010 年，被省政府授予云南省政府特殊津贴。为第十三届全国人大代表，享受国务院特殊津贴，现任德宏州中医院院长。

项老赛（1960～）　陇川县户撒乡腊撒村新寨人，第一批国家级非物质文化遗产“阿昌族户撒刀锻炼技艺”项目代表性传承人。他采用阿昌族独特的锻打、淬火、磨刀以及夹钢等纯手工制作的各种刀具，硬可斩铁，利可削干毛巾或削老竹、剃汗毛。2006 年，在户撒乡举办的民族手工艺比赛中，项老赛打的刀荣获第一，获得了“刀王”的荣誉。项老赛从小跟着父亲学习打刀的技艺，14 岁就可以自己独立操作。在学习父亲打刀技艺的同时，项老赛不断钻研，在刀的外观、质地、图案、包装上下苦功夫。通过不断改进，研发了印有八卦图样的项氏各类刀具，由于质地精良、外形美观、别具特色，深受人们的喜爱。2006 年 5 月，他的户撒刀锻制技艺被列入第一批国家级非物质文化遗产名录。

熊顺清（1979~）　女，陇川县户撒阿昌族乡芒岭寨人，中央民族大学中国少数民族史专业博士，云南省社会科学院/中国（昆明）南亚东南亚研究院缅甸研究所副研究员。第十、第十一、第十二届全国青联委员。2002 年，毕业于云南师范大学应用电子技术专业。2009 年，毕业于云南民族大学计算数学专业，获硕士学位。2010 年，被公派到澳大利亚拉筹伯大学做访问学者。2006~2007 年，主持完成云南民族大学基金项目“户撒阿昌族地区的汉族移民”。2009~2012 年，主持完

成云南民族大学“大学计算机双语示范课程”建设项目。2011～2013 年，主持云南民族大学青年基金项目“基于 NSCT 变换域的图像分类标注算法研究”。参加工作以来参与编写计算机类教材 4 部，公开发表学术论文多篇，出版专著《南传上座部佛教与阿昌族文化》、《中国阿昌族》（中华民族全书系列）；主持国家社科基金项目“滇西边境片区南传佛教传播现状调查研究”。担任《云南民族》编委会委员、云南民族学会阿昌族研究会副会长，长期致力于南传佛教、峨昌人历史及语言研究。

经济实体的领头人

曹明强（1956～）　梁河县九保阿昌族乡芒展村人。1975 年 9 月德宏州民族师范学校毕业，同年进入教育部门从事教育工作，1987 年调梁河县文化馆，1993 年调德宏州民族艺术研究所工作至今，著有诗集、民歌集、论文集，并多次获奖。曾参加 1989 年云南省文代会、1991 年全国青创会。是德宏州第七届政协委员，现为中国民间文艺家协会、云南省作协会员，云南省民族商会理事，曾任德宏傣族景颇族自治州民族艺术研究所所长、阿昌族研究会会长、阿昌族文学学会会长、德宏州文艺家协会主席、第十届全国人大代表。在担任人大代表期间，深入基层调研，关心党的民族事业，特别是阿昌族的发展，反映民生民意，提出许多很好的议案、建议，得到了政府的重视和采纳，为推动民族团结进步、繁荣做出了贡献。他退休后和全国人大代表曹春叶一起心系阿昌族村寨发展，为实现精准扶贫和产业开发脱贫，一直马不停蹄地东奔西跑。在曹明强带领下，九保阿昌族乡横路村委会作为产业开发项目，改造培植了 4000 多亩的芒展大茶山，使阿昌族农户每天收入 200 多元，他创办的帮丐土司贡酒厂和农户“阿昌情”土锅酒作坊，远近闻名。

李德田（1962～）　德宏州梁河县河西乡勐来村别懂一组人。1977 年，担任别懂村民小组组长。在担任村民小组组长的 3 年里，他积极向政

府及有关部门申请资金，投工投劳为别懂村新修建了一幢2层砖混教学楼，架通别懂村5个村民小组的生产生活用电，让别懂村办学条件和生产生活用电得到了很好的改善。1980年8月，他辞去别懂村民小组长职务到勐来小芒法家具厂做木工，几年间就学到了一手木工匠的技能，曾担任家具厂的小组长至厂长。1991年，他为谋求更大发展，立志经商致富，勇做开放创业的拓荒人，辞去小麻发家具厂工作，到缅甸帕敢闯荡。从学挖玉石做起，而后又投身中缅边境贸易，做木材生意7年多。2003年，通过资金积累回国到德宏州州府芒市从事特色餐馆（阿昌苑）经营，开发阿昌族特色口味。为经营好餐馆，他学习营养、美食方面理论知识，积极参加培训和竞赛活动。李德田经营阿昌苑以来，通过他的努力和诚信经营，阿昌苑一直保持着良好的经营氛围，取得了良好的经济效益。为回报社会，他依法纳税，上缴各种税费达100多万元。热心社会公益事业，多次高额资助社会公益事业建设，深受社会好评，也获得了国家、省、州市授予的多项荣誉和鼓励。为组建德宏州美食与餐饮行业协会，李德田投入人力、物力、财力，带领协会成员深入全州各县市开展民族特色饮食调研及宣传，经各方积极努力于2016年1月30日正式成立协会。担任协会会长2年来，李德田积极带领会员参加省州协会举办的各种美食大赛，为会员单位员工培训礼仪接待服务和建立美食信息网站，极大地促进了德宏民族饮食美食文化的内涵和发展。2017年6月，被选为云南省美食与餐饮协会副理事长。

第六章　阿昌族未来发展展望

20 世纪 80 年代开始，各级党委、政府非常重视对少数民族地区和贫困地区的扶贫开发工作。党的十六大以来，阿昌族人民以邓小平理论和“三个代表”重要思想为指导，牢固树立科学发展观，围绕全面建设社会主义新农村和全面建设小康社会的目标，抓住国家扶持人口较少民族加快发展的机遇，采取特殊措施，按照“生产发展、生活宽裕、乡风文明、村容整洁、管理民主”的要求，把国家扶持人口较少民族加快发展与稳步推进社会主义新农村建设更好地结合起来，充分调动干部群众的积极性和创造性，发扬自力更生、艰苦奋斗精神，因地制宜、分类指导、量化标准、明确责任，加大工作力度和资金投入，使阿昌族聚居村的经济、社会事业实现跨越式发展，为各民族共同团结奋斗、共同繁荣发展创造条件。通过“十一五”“十二五”期间的努力，阿昌族聚居村的基础设施有明显改善，人民生活水平明显提高，自我发展能力明显增强，为全面建成小康社会奠定了良好基础。

德宏州阿昌族聚居的陇川县、梁河县系经济发展贫困县。1986 年，得到国家支援不发达地区的第一笔发展资金；1993 ~ 1996 年，又得到“以工代赈”资金；1996 ~ 2000 年，国家实施“九五扶贫攻坚”计划，许多阿昌族村寨被列为“省级扶贫攻坚乡”“县级扶贫攻坚村”项目实施。同时，有关部门还实施小额信贷、交通扶贫、畜牧扶贫、教育扶贫等项目，国家财政每年投入大量资金，由民政部门对城乡居民、农民困难户实施低保扶贫；省、州、县各级党政部门派出扶贫工作队深入农村，采用挂钩扶贫的方式，帮助农户制定脱贫计划，探索发展经济的门路。

进入 21 世纪以后，各级党委、政府十分重视

阿昌族的发展，国家和省、州把阿昌族列为人口较少民族，是构建和谐社会的重要组成部分，从政治、经济、社会发展各方面关心和扶持。党中央、国务院在“十一五”“十二五”“十三五”期间，将包括阿昌族在内的23个人口较少民族聚居的640个偏远落后行政村作为扶持对象，重点帮助人口较少民族摆脱贫困。中央召开民族工作会后，相继出台《扶持人口较少民族发展规划（2005~2010年）》和“兴边富民”工程等特殊扶持政策，以新农村建设和“四通五有三达标”为目标，针对人口较少民族地区加大财政资金、信贷资金、社会事业、人才培训等扶持力度，加大基础设施建设，积极促进人口较少民族的发展。同时，国家还组织经济较发达的大中城市对口支援人口较少民族地区的经济社会发展。云南省结合自身实际，出台《加快云南省8个人口较少民族脱贫步伐的通知》等政策，切实将加快省内8个人口较少民族的发展作为一项重要工作来抓。省民委、省发改委、财政厅、教育厅、科技厅、扶贫办等部门有针对性地出台了一系列具体政策措施，推进人口较少民族的发展。各级各部门认真贯彻落实“兴边富民”“两免一补”、新型合作医疗等政策措施，对涉及人口较少民族地区的基础设施、能源、科技、教育、卫生等给予更多的倾斜和照顾。对基础设施建设、农牧优势产业、教科文卫和人才培养等加大扶持力度。

在“十五”规划期间，部分阿昌族乡和行政村被国家、省、州列为“民族特困乡”和“重点扶持村”。2001 年，户撒、曩宋阿昌族乡被列为“民族特困乡”，阿昌族聚居行政村被列入省、州“重点扶持村”。梁河县自 2001 年到 2008 年，全县共投入民族聚居区各类扶贫资金 952 万元，完成建设特困乡曩宋阿昌族乡 1 个、扶贫重点村 2 个、温饱村 2 个，整村推进扶贫村 20 个、安居工程 240 户。

但因阿昌族多居住在山区、半山区，自然条件差，耕地不足，原始的耕作和粗放经营方式仍是阿昌族群众生产生活的主流。阿昌族聚居地区影响经济发展的主要问题：一是贫困问题突出，

与德宏、保山、云龙各地汉族农民人均纯收入差距还大；二是由于交通条件差、水利设施差、农村用电难、生存环境恶劣、居住条件差、社会事业发展滞后、自我发展能力差，基础设施脆弱，抵御自然灾害的能力比较低下。培育新的经济增长点、新产业，依然成为经济发展的瓶颈问题。

为此，在全面实施精准扶贫与德宏州阿昌族居住区全面建成小康社会的过程中，坚持“六个结合”扶持原则，即：加快人口较少民族发展与推进社会主义新农村建设相结合、解决温饱问题与脱贫致富奔小康相结合、整村推进与促进全面发展相结合、国家扶持与自力更生相结合、开发式扶贫与贫困人口直接受益相结合、扶持人口较少民族发展规划与州和县市国民经济和社会发展规划相结合，统筹规划、分步实施，用有限的资金解决最急需的困难。

“十二五”“十三五”期间，国家和省里结合扶贫攻坚和精准扶贫，出台了绝不让人口较少民族掉队，绝不让一家农户搁下的全面精准扶贫政策，极大地鼓舞了阿昌族人民全面建成小康社会的信心，民族社会经济各方面获得了长足发展，并放射出更加灿烂夺目的光芒。省烟草专卖局(公司) 对德宏州和全省的阿昌族进行整族帮扶，重点是阿昌族聚居的陇川县户撒及梁河县九保、曩宋3个乡，对其他阿昌族聚居的7个贫困村委会给予一定扶持。分区域发展情况如下。

德宏阿昌族乡及散居区

陇川县户撒和梁河县曩宋、九保3个阿昌族乡及其他阿昌族居住地区均制定了全面建成小康社会的发展规划。

一、九保阿昌族乡全面建成小康社会的发展规划及具体任务

山区、半山区大力发展茶叶产业，在现有基础上，新建茶园1000亩，改造茶园500亩，种植草果、八角、花椒、核桃、樱桃、滇皂荚等经济林果516亩。大力发展畜牧、养殖业，计划新增养水、黄牛3709头，母猪2340头，生猪3056

头，山羊250头，鸡7000只。坝区充分利用交通便利、土地肥沃的优势，种植甘蔗、优质水稻、大棚蔬菜、无花莲藕，连片种植巨峰葡萄，培育姬松茸，引进食用菌等新品种，发挥九保小集镇的作用，城乡一体，辐射各村，带动全乡经济发展。

各项社会事业加速发展，加大教育投入，改善教学设施条件，集中教学点，提高师资队伍素质，提高教学质量。加强乡村公路建设，形成便利的交通网络。对乡卫生院的管理体制进行改革，合理配置卫生院的人、物资源，扩大医疗点，增设山区村卫生室，进一步改进农村卫生医疗设备，提高医务人员的医疗技术水平，使农民特别是山区农民的医疗卫生条件得到改善。加大扶贫攻坚力度，逐步解决贫困山区农民的温饱问题、居住条件。加大基层政权建设力度，新建丙盖村、勐科村、横路村村委会办公大楼；新建丙盖村公厕8间、垃圾池10个，安乐村公厕2间；进一步实施西部电网改造、安全饮水工程；加强泥石流滑坡地质灾害的治理，改善和保护生态环境；加强法治建设，进一步推进民主法治进程；加强精神文明建设，继续创建“十星级文明户”“文明村寨”“无毒村寨”，构建社会主义和谐社会。

二、曩宋阿昌族乡全面建设小康社会的发展思路及目标

国民经济保持快速健康发展。全乡经济总收入和人均纯收入在2005年的基础上每年增长8%以上，到2010年经济总收入为5514万元以上，农民人均纯收入达1490元以上；人均占有粮食300千克以上；财政收入达40万元以上，年均增长8%。2018年按各项要求指标脱贫出列。

社会发展目标：调整优化教育结构，全面推进素质教育，巩固扩大普及九年义务教育成果；科技教育得到加强，科技对经济增长的贡献率有所提高；社会保障体系进一步完善，各项社会事业全面进步，精神文明和民主法治建设达到新的高度；人口自然增长率控制在5‰以内，到2010年全乡总人口控制在24622人以内；加强饮用水源水质保护，扩大绿化面积，乡内森林覆盖率达

到 65%以上。2018 年生态环境治理上新台阶。

人民生活目标：千方百计改善各民族群众衣、食、居住条件，提高和改善生活质量；加快农村电网改造，实行城乡同网同价，提高农民用电质量；完善卫生医疗体系，提高医疗水平和装备设施，增强全乡的医疗卫生服务能力，使人民健康水平有明显提高。

2020 年达到：经济收入 7324 万元，年均增长 5%。财政收入 100 万元以上，年均增长 5%。农民人均收入 1956 元，年均增长 5%。粮食总产达到 694 万千克，人均占有粮食 300 千克。

曩宋阿昌族乡关璋村民委员会通过 2004～2007 年实施，规划落实情况为：2007 年总人口 1566 人，在规划内；经济总收入 309. 91 万元，超过规划 51. 91 元，人均 918 元，超 18 元；粮总产量 36. 3 万吨，人均粮食 232 千克，粮食总产量与人均粮食低于规划，原因是梁河县（沙坝）糖厂“吃不饱”，拿出部分农田改种甘蔗的缘故。其余都按规划完成。

阿昌族地区全面建成小康社会发展规划原则和思路。按照“坚持实事求是、分类指导、因地制宜、整合资源、集中力量、整村推进、重点突出”的原则，在国家和省级各部门的大力支持下，结合阿昌族聚居地区实际，以开发式扶贫为宗旨，以改善人口较少民族地区的生产生活条件为重点，以逐步解决贫困人口温饱问题和脱贫致富为目标，以增强自我发展能力为主题，以加快经济社会发展为着力点，以强有力的组织管理为保障，重点加强交通、能源、农田水利、社会事业等公益性基础设施建设，推进产业结构调整和农业产业化发展，拓宽人口较少民族群众增收途径，促进经济、社会、生态的持续、稳定、协调发展。

阿昌族地区全面建成小康社会发展任务。一是基础设施建设。乡村公路建设项目：以不通公路的村委会为主，实现乡村公路通达并逐步延伸到自然村，村内主要道路弹石或水泥硬化，不断改善农村出行条件。人畜饮水建设项目：以饮用水缺乏和饮水安全存在问题的自然村为对象，着

力解决饮水困难和饮水安全问题，使阿昌族聚居地区村民都能用上清洁卫生的水。农村电力建设项目：以不通电的自然村为对象，结合农村电网改造，切实解决阿昌族聚居村农户用电难、用电不安全问题。安居工程建设项目：加大综合扶贫开发力度，将阿昌族聚居的贫困村优先纳入整村推进计划，给予重点扶持，采取政府补助、社会资助和个人自筹的办法，对仍然居住茅草房、杈杈房的农户有计划地进行扶持改造；对缺乏生存条件的农户逐步进行整体易地搬迁，重建家园；对生存环境恶劣，为固边守土而不能实施易地搬迁的阿昌族村民建立和实行最低生活保障制度。基层政权办公设施建设项目：加强和改善阿昌族聚居村委会办公条件，有计划分阶段实施建设集党员活动室、文化科普活动室、医疗卫生室（所）和村委会办公室为一体的综合用房，使之达到新的标准要求。

二是产业结构调整。积极调整产业结构，大力发展优势产业和特色经济，培育支柱产业，帮助和引导群众发展增收项目，增强自我发展能力，稳步解决温饱问题，实现脱贫致富目标。基本农田地建设项目：抓好耕地保护、高稳产农田建设和农业综合开发，加大对阿昌族聚居自然村农田水利、田间道路和“五小”水利等基础设施建设力度，提高水利化程度；积极实施改造中低产田，使阿昌族聚居地区目前尚未达到每人1亩基本农田的农民达到人均有1亩稳产农田地，基本解决温饱问题。优势特色农牧产业建设项目：以市场为导向，立足人口较少民族阿昌族聚居村的区位优势、资源条件、气候特征、海拔高低、生产力水平等，分类指导，因地制宜，大力扶持具有比较优势的经济林木、经济果树、经济作物和猪、牛、羊、禽、鱼等养殖业；完善农业社会化服务体系，支持致富带头人创办农副产品加工业，提高农业综合生产能力，促进和带动当地经济发展。

三是大力发展教科文卫等各项社会事业。加大投入力度，不断改善阿昌族聚居村公共设施和公共服务条件，促进经济社会协调发展。教育建

设项目：全面落实阿昌族学生九年制义务教育阶段“两免一补”和对相应学校公用经费进行补助的政策，加大投入建设阿昌族聚居村完小，有计划改造中小学危房。积极争取和协调州、县重点中学和民族中学优先招收阿昌族学生；对阿昌族贫困家庭子女考上高中、大中专院校的学生在经济上给予重点帮扶。采取相应措施积极培养阿昌族聚居区中小学校师资，对口支援教师优先安排到阿昌族聚居地区支教，提高办学质量。

文化科技建设项目：加大阿昌族聚居地区文化科技人才培养力度，配备相应的文化科技设备，普及科技知识；积极支持阿昌族聚居地区公益性文化事业和文化产业发展，培育和扶持阿昌族标志性文化建设项目，采取各种措施抢救、挖掘和保护阿昌族文化，传承优秀民族文化，树文明新风，建设和谐村寨。

农村医疗卫生建设项目：建设和改善阿昌族聚居村的医疗卫生条件，加强卫生基础设施建设，优先安排阿昌族聚居地区乡镇卫生院的改造，实现房屋、设备、人员、技术“四配套”，提高医疗综合服务能力，每个村都有1所达到合格标准的卫生室；每个阿昌族自然村建1~2个公厕，每户建1个无害化厕所。资助阿昌族特困家庭、民政救助对象和固边守土村民参加新型农村合作医疗，切实解决看病难、看病贵的问题；做好人口与计划生育服务工作，优先安排计划生育服务站达标，继续全面落实阿昌族农业人口独生子女“奖优免补”政策。建立阿昌族聚居村“禁毒防艾”长效机制，加强领导，增加工作经费，采取更加积极有效举措，遏止吸食毒品和艾滋病蔓延，确保农村稳定。

通电话建设项目：以不通电话的村为对象，因地制宜，采取有线或无线等技术手段，实现有线电话进村入户，无线通信覆盖率100%。

通广播电视建设项目：加快阿昌族聚居村广播电视“村村通”和“西新工程”建设，以建设卫星地面接收站为主，多种技术手段并用，实现阿昌族聚居村广播电视覆盖率100%。

旅游产业建设项目：加强乡村旅游发展规划，扶持条件具备的阿昌族聚居自然村开发具有本民族特色的自然景观或人文景观和独具特色的“农家乐”旅游项目建设，打造山绿水秀、环境优美、交通便利、人与自然和谐的阿昌族民居和生态式村落，构建不同功能的现代农业旅游区（点），发展具有自然生态、观光休闲和康体娱乐等特色的乡村旅游，促进旅游产业的发展，增加农民收入。

生态环境保护建设项目：积极推进农村新型能源建设，大力发展农村循环经济，优先安排沼气建设，使阿昌族聚居地区的村民基本普及使用生态能源沼气；加快退耕还林步伐，实现人与自然和谐发展。

四是大力培养人口较少民族各类人才。对阿昌族聚居地区乡（镇）、村干部进行有针对性的培训，充分发挥其在扶持阿昌族群众脱贫致富、加快发展中的重要作用。加强农村专业技术、实用技术、职业技术的培训和推广力度，培养一批农村专业技术人才、科技示范户、乡土人才和致富带头人，促进和带动聚居地区经济和社会的发展。

云南省烟草专卖局（公司）应用“互联网+”和大数据平台，在“建档立卡、精准到户、分村施策、全面脱贫”上下功夫，启动烟草精准扶贫信息平台建设，搭建德宏州阿昌族整族帮扶数据库，摸清每一个贫困户的基本情况、致贫原因，做到户有卡、村有册、乡有薄、县有档，做到扶贫对象精准、项目安排精准、资金使用精准、措施到户精准、因村派人精准。按照精准扶贫要求，切实在项目安排精准、措施到村精准、帮扶成效精准上想办法、出实招、见真效。切实以智力扶贫和技能培训为重点，积极开展各种形式的实用技术培训。在产业帮扶上，注重引导建设专业合作社和综合合作社，通过合作社来推动产业发展。结合各单位实际，在开展劳务输出等致富途径上，多为阿昌族群众想办法、找出路，确保为帮扶行政村量身定制帮扶“菜单”，按单“下厨”。截至2017 年，云南全省烟草公司系统 23 家单位已结对

帮扶德宏州陇川县户撒乡和梁河县九保乡、曩宋乡下辖的26个行政村。云南省烟草专卖局提出“幸福阿昌”建设，计划3年投入10亿元，派驻扶贫工作队驻村入户，统筹推进扶贫攻坚“挂包帮、转走访”工作，在人员、资金、机构设置、示范村建设和项目落地上充分投入，帮助陇川县户撒乡和梁河县曩宋乡、九保乡的阿昌族实现精准扶贫、精准脱贫。

云南省烟草专卖局（公司）创新工作思路，实施精准扶贫，对口帮扶工作采取“1+N”（以烤烟种植产业为基础，多种产业齐头并进）的扶贫方式，充分发挥烤烟产业帮扶优势，通过多产业带动，助力阿昌族群众脱贫致富。烤烟种植面积从2015年的2.16万亩增加到2017年4.45万亩，烤烟收购计划从6.73万担增加到12万担，3个阿昌族乡烟农收入逐年提高，由2015年户均3.05万元提高到2017年户均3.57万元，每亩烤烟收益达3700元，实现了“一亩烟脱贫一个人”和“当年种烟，当年脱贫”的目标，烟草产业成为阿昌族帮扶产业脱贫的亮点和标杆。同时，进一步加大非烟产业帮扶力度，因地制宜地做活产业链，扩大猕猴桃、生猪、稻田生态鱼、荷兰豆、草果、甜脆苞谷、油葵等产业规模，对阿昌族拆除重建、抗震加固、民居美容美化的农户分别给予6万元、4万元、2万元补助。大力推进产品输出，做实成果向经济效益的转化，实现户均增收3000元以上，确保群众增收见实效。梁河县委、县政府曾经这样评价："云南省烟草专卖局（公司）挂钩梁河，项目、资金、技术、产业等要素集聚，为我们构建产业体系、打牢县域经济基础、加速赶超提供了难得的机会。"

3个阿昌族主要聚居区除巩固了油菜、水稻传统耕作方式外，在云南省民族商会和省州县扶贫办、省州农村工作部门及对口帮扶企业的扶持下，大力发展收益看好的油葵核桃种植、茶叶产业；开发旅游产业，兴修新建了户撒阿昌生态园和新马温泉环线游等旅游项目建设，旅游产业设施修建了阿露窝罗文化广场、户撒坝全景观景台、

3 个旅游休憩小站和户撒乡 2 个寨门；开展曼捧村芒捧奘寺灾后恢复重建和明社村加孔奘寺省级文物维修项目。通过新建校园，设置助学奖励，开发专项培训（2017 年省烟草集团组织 390 人次到昆明、红河等地外出参观学习 33 期，参加群众 730 多人次；邀请云南农大、农科院等单位专家组织开展水稻、玉米、烤烟、猕猴桃种植及畜牧养殖等专项技能培训 96 期，参训 8996 人次），务工劳务输出，完善基础设施建设，道路越修越好，人民安居乐业。在相关贷款政策的扶持下，村民们有人开起了农家乐，有人跑起了运输，有人壮大了种植养殖业，有人进城搞起了装修，失地农民都有了自己的事业。

三、德宏芒市高埂田村和盈江仙岛阿昌族区

芒市扶贫办 2015 年阿昌族整族帮扶项目高埂田村蚂蟥塘文化活动室及附属工程（二次）竞争性谈判，项目于 2016 年 3 月 3 日由保山市东升建设工程招标代理有限公司组织竞争性谈判采购，

成交供应商于2016年3月15日到保山市东升建设工程招标代理有限公司德宏办事处领取了成交通知书。

2017年底，盈江县召开脱贫攻坚工作会，会议主要任务是贯彻落实德宏州扶贫开发领导小组第三次全体会议暨德宏州脱贫攻坚工作推进视频会议精神，总结盈江县脱贫攻坚工作情况，查找存在问题，全面安排部署当前脱贫攻坚工作，动员全县上下把时间和精力聚焦到脱贫摘帽上，以更有力的措施、更严实的作风推进脱贫攻坚各项工作。县委要求全县各级各部门要围绕脱贫摘帽目标，按照“今年脱贫摘帽”的目标来计划、安排、推进各项工作，每项工作都要赶早不赶晚；坚持实事求是、坚持标准要求、坚持精准施策、坚持合力攻坚、坚持群众认可；紧紧围绕“两不愁、三保障”这一核心，打赢危房改造、易地扶贫搬迁、产业帮扶、基础设施、民生保障、精准帮扶、党建提升年的攻坚战，打好内生动力激发、作风转变这两场持久战，多谋长远之计，少搞盆

景工程，使脱贫成效经得起检验，让群众看到党和政府的恒心、干部帮扶的真心，让群众放心。

“沪滇协作和三峡集团的盈江方案”“万企帮万村”精准扶贫工作等方案，紧扣“打基础、抓教育、兴产业、增就业、促增收”的扶贫工作思路，以“抓教育强素质、兴产业促增收、扶企业增就业”为工作重点，采取“一企帮一村，一企帮多村，多企帮一村”方式，通过开展产业扶贫、就业扶贫、公益扶贫等形式，发挥民营企业综合优势，帮扶阿昌贫困村精准脱贫，加快脱贫致富步伐。推动乡镇教育基金落地，进一步扩大助学金覆盖面。2018 年，启动“贫困地区边境县乡村综合文化服务中心覆盖工程”“百县万村综合文化服务中心示范点”建设。完成阿昌族地区民房建设、易地扶贫搬迁任务、农村危房改造工程，完善搬迁对象后续扶持政策，做到搬迁与脱贫同步，安居与乐业并举。精准实施“到村、到户、到人”的产业帮扶，发展壮大村集体经济，实现建档立卡贫困户户均有 2 项以上稳定增收产业。

全面完成基础设施扶贫工程，更加积极主动对接好三峡集团和上海青浦区帮扶工作。“兴边富民沿边三年行动计划”深入推进。特别是针对只有120多人的阿昌族支系——仙岛人给予对口帮扶和整村推进，实行全覆盖式的帮扶。

云龙阿昌族聚居区

云龙是阿昌族的发祥地。仁山村是大理州阿昌族的唯一聚居村。2013年8月，在同济大学的智力支持下，开展了县城总体规划及漕涧镇总体规划，实施精准扶贫和精准脱贫项目规划。规划顺应开放、渗透的区域特征，形成“一主两副、三区三轴”的城镇体系结构，融入区域交通体系与旅游格局。阿昌族仁山村纳入了这个发展规划。

按照精准扶贫、精准脱贫的要求，整乡推进整族帮扶，通过实施“四个一批”工程，即扶持生产和就业发展一批、移民搬迁安置一批、低保政策兜底一批、医疗救助扶持一批，基本解决阿昌族贫困人口的贫困问题，摘掉贫困乡、贫困村

的帽子，确保与全省、全国同步实现小康目标。近年来，中央对人口较少民族扶持的民族政策，在云龙全面实施，漕涧阿昌族群众，艰苦奋斗，积极投入到美丽幸福家乡建设中，努力实现着共同的中国梦。在短短的几年里云龙漕涧阿昌族乡村面貌焕然一新，人民群众过上了幸福生活。

为促进人口较少民族经济、社会的全面发展，采取了多项扶持措施。一是切实改善群众生产生活条件。将漕涧阿昌族聚居的仁山村、民建苗族聚居的岔花村、宝丰傣族聚居的大栗树村分别列入全县扶贫开发整村推进重点村，通过实施整村推进，切实改善少数民族群众生产生活条件。二是加大产业结构调整。充分依托资源优势，在大力发展烤烟、畜牧、泡核桃等产业的同时，按照“一村一品”的策略，重点在仁山村大力发展红豆杉种植，在岔花村大量种植热区经济作物，在大栗树村大量种植茶叶，进行中药材种植尝试，附子、秦艽、龙胆草、金银花、党参、半夏、黄芩都已经拥有一定规模。目前，产业已初具规模，群众增收致富优势凸显。三是加大对少数民族的教育扶持力度。实行教育招生倾斜政策，扩大对少数民族招生规模，认真落实“两免一补”政策，县财政设立专项资金，加大对少数民族困难学生的救助，认真落实加分照顾政策。对在少数民族地区工作的教师落实优先享受职称评定的政策以及津贴补助。四是注重少数民族干部的培养。结合云龙县各级领导班子建设的实际，制定了《云龙县干部队伍建设五年规划》《云龙县各级领导班子后备干部队伍建设意见》和《云龙县干部教育培训规划》等制度和措施，明确了在培养、任用干部时，做到同等条件下优先使用少数民族干部，从而使一批优秀的少数民族干部走上了各级领导岗位。五是优先安排人口较少民族学生就业。落实州委培人口较少民族中专毕业生就业的相关政策，将全县 2002 年以来委托培养的 19 名少数民族中专毕业生全部招录安置到事业岗位。从 2006 年开始，每年公务员招考中在团结、表村 2 个民族乡分别设置 1 个面向人口较少民族招考

的岗位。

到2018年末，漕涧阿昌族聚居的仁山村、民建苗族聚居的岔花村、宝丰傣族聚居的大栗树村全部摘帽脱贫退出贫困行列，努力实现贫困地区农民人均可支配收入达到或略高于全县平均水平，到将来全面消除贫困，与全省同步实现全面小康。

保山、腾冲、龙陵、施甸地区

云南省保山市出台《加快少数民族和民族地区经济社会发展“十三五”规划》，《规划》实施范围为保山市5县市区少数民族居住区，重点是2个边境县市、2个人口较少民族乡、18个人口较少民族村及少数民族人口在30%以上的151个建制村。实现了阿昌族村扶贫全覆盖。“十三五”期间，保山市着力推进和落实“六项重点工程”。一是实施民族团结进步创建“六进工程”。把民族政策法规和民族理论知识纳入全市各级党政部门学习内容，纳入企业发展规划，纳入社区工作规划和履行职责主要事项，纳入乡村发展规划，纳入校园文化建设，纳入和谐寺观教堂创建活动，让“守望相助”“三个离不开”“四个认同”等思想深深扎根于全市阿昌族人民心中。二是实施兴边富民行动工程。以改善沿边群众生产生活条件行动计划为主要实施内容，计划争取各类资金6.7亿元以上，在腾冲猴桥、龙陵木城等4个边境乡镇32个行政村440个包括阿昌族在内的自然村中，全面实施改善沿边地区群众生产生活条件发展项目。到2020年，全面实现“五通”“八有”“三达到”的目标任务。三是实施民族团结进步示范点创建工程。按照“精准扶贫、突出特色、跨越发展、全面小康”的要求，围绕民族团结进步示范区建设目标任务，着力推进示范点创建。计划争取各类资金6.97亿元，省级投入1.69亿元，整合各类资金投入不低于5.28亿元。到2020年，全市创建7个示范乡镇、82个示范村或社区。四是实施人口较少民族扶持发展工程。围绕安居建设、基础设施、产业扶持、基本公共服务社会保障、能力素质提升、金融支持等工程，

以施甸县木老元、摆榔布朗族整乡推进整族帮扶为契机，着力抓好全市18个人口较少民族村扶持发展工作，全面实现脱贫致富奔小康的目标。到2020年，全市5个布朗族村、4个阿昌族村、2个德昂族村分别实现农村常住居民人均可支配收入15600元、15000元、16800元以上。五是实施散居民族地区扶持发展工程。根据傈僳族、佤族、苗族等“直过民族”各族各地实际，采取劳务培训转移就业、民族特色村寨和安居工程建设等方式和政策差别化措施，充分发挥“直过区”自然资源优势，做到宜农则农、宜林则林、宜牧则牧、宜商则商、宜游则游，促进生活方式根本性转变，着力推进“直过民族”聚居区扶贫攻坚步伐。确保到2020年与全国全省全市同步进入小康社会。六是教育文化事业发展工程。采取政策倾斜和资金支持方式，以基层服务网点建设为重点，以多种传播方式为手段，以共建共享为基本途径，加强少数民族地区文化活动室、农家书屋、农村电影放映等设施建设，着力推进少数民族地区文化信息资源共享工程建设，确保实现共建共享。传承发展一批少数民族传统文化项目，力争每个世居少数民族都有 2 项以上传统文化项目得到保护和发展，并有各自的文化传承人。着力打造 12 个民族文化精品工程。

一、腾冲特色乡村——新华乡

以带动种植各种新鲜土特产，生产带有当地浓郁特色的自采蜂蜜、米粑粑、豌豆粉小吃美食以及代表当地民俗文化的非遗手工艺品，特别是以走进新华乡猕猴桃、大球盖菇种植基地等方式探索群众脱贫致富新路子。腾冲棕苞是当地的经济作物之一，在腾冲很多阿昌族的村子都靠棕苞富了起来。2015 年，新华乡新增了 2000 多亩棕苞地，群众生活水平提高得相当快。在精准脱贫的道路上，锄地犁田少不了得用称手的工具，当地农民喜欢来集市选购一些质量好的春耕铁器。新华乡集市上就有这么一个铁匠摊位，卖的工具都是纯手工打造的。有着 30 年打铁经历的师傅寸待

益，一把砍柴大刀卖50元钱，翻新一把锄头的利润是20多元钱，如果多打造几把拿去集市卖，生意好的时候，一次能有几百元钱收入。新华乡集市上经常可以看到有乡民摆摊卖中草药，这也是当地一大特色。新华乡的村民几乎人人都懂点中药知识，所以不少人会进山里去采摘一些常用的中草药。新华乡何家寨村村民在老中医指导下采中药和野菜，推广当地的特色野菜和中药的用途及食用方法。

新华是腾冲第二、保山第三大茶叶种植乡，茶叶种植、加工历史悠久，有着稳固的产能保证。在新华乡种植茶叶是当地最大的产业。2017年，全年完成茶叶总产量2900吨，总产值达到了1.37亿元，这对于新华乡来说是一个非常好的成绩。2018年，在新型合作模式带动下，有望取得更大产值。

茶叶的价格根据市场情况变动，近几年随着产量的增长，茶叶单价有所下降。在传统支柱产业收入减少的情况下，新华乡党委和村党支部采取“1+1+11”的集体经济发展模式，即1个特色产业、1个规模企业加上11个村。根据当地地形和土壤特性又引进了红心猕猴桃，再与企业签订合作书，形成“公司+合作社+支部+基地+农户”的经营合作模式，拟抓住新华乡地理气候优势，推进全乡规模化种植，走有机生态、无公害绿色食品路线，做到“规模化、产业化、标准化、精细化”，打造“一乡一品”猕猴桃产业。努力把新华的气候优势、资源优势转化成经济优势，加快地方经济发展，帮扶群众脱贫致富，带动村集体经济发展。

2017年，新华乡11个村共种植红心猕猴桃3000亩。农民把土地使用权流转给公司，再回来打工种地，相比传统的自产自销，每户农民年收入能有很大提升。以前农民主要是种植水稻，一亩地年产500千克的利润也就是几百元钱，现在，光是租地就能有1000多元的收入，农民回来再打工种地，月收入还有2000多元。这样就是租金一份收入，打工还有一份收入。

大球盖菇又名酒红球盖菇，是一种珍稀食用菌，嫩滑鲜美，富含维生素 B 和人体必需的矿物质，是国际菇类交易市场上十大菇类之一。其产量高，投入少，不仅能够实现农业内部良性循环，而且节本省工、效益可观。大球盖菇一年采摘，亩产可达 5000 千克，市场价约 2. 5 元 1 千克，亩产可达 5 万元，有效弥补了猕猴桃产业发展的空档期，为群众增收扩宽了渠道。村民采摘的大球盖菇按照市场价格直接卖给企业加工，这样既保证了农民利益也维持了价格稳定。

腾冲市阿昌族文化研究会于 2016 年 8 月 4 日成立了党支部，为新华乡基层党组织注入了新力量。该党支部成立后，通过“协会+党支部”的运营模式，以上率下，注重发挥典型引路作用，深入推动“两学一做”学习教育，加快新华乡阿昌族群众脱贫致富的步伐，呈现出党建与经济、文化发展“互促双赢”的良好局面。

建阵地，发挥堡垒作用。该党支部围绕“支部引领、协会服务、党员带动、整体推进”的工作思路，通过党支部成员与协会会员实行“双向进入、交叉任职”，在党支部与协会之间建立起相互支持、相互配合的工作机制，协调落实了办公场地，使协会和党支部达到了“四有”（有房子、有牌子、有章程、有人员及部分活动资金）要求，改善了协会的发展环境，保证了协会各项工作的正常运转。

深挖掘，弘扬民族文化。在乡文化站的指导下，对阿昌族原始古朴的民俗民风进行挖掘，已初步搜集整理出阿昌族婚俗、织锦文化、山歌小调、丧葬礼仪等 4 项内容的民间史料，对阿昌族历史文化的保留传承有极高的研究价值。同时，组织阿昌族文化传承人，采用“一对一”或“一对几”的方式对织锦、阿昌语言、小调、拳术、棍术、流星、舞狮、链盖等民族民俗文化进行传授，参与学习的阿昌族群众达 160 余人。与腾冲市的傣族协会和外州、市、县、乡的阿昌族协会开展文化联谊交流活动 4 次，增进了民族间的友谊。把结婚礼仪和民俗文化写入协会章程中，传

承阿昌婚俗。

重协调，助力脱贫攻坚。组织阿昌族群众踊跃参加妇女思想引导工作专题调研座谈会、2016年就业再就业农村厨师培训班、新华乡计算机免费培训班、经济林果栽培技术培训班等，参训人员达400余人，涉及建档立卡贫困户82户，拓宽了阿昌群众致富路子；筹措资金2.4万元，对2016年度优秀阿昌族大学生进行资助，培养民族人才。

腾冲市阿昌族现在的生活条件越来越好，跟以前相比可以说是质的飞跃，有决心实现全面脱贫和建成小康社会。

二、龙陵蛮旦阿昌地区

蛮旦阿昌族只有800多人200多户人家。这个不足千人的村寨，党的十八届三中全会、四中全会、五中全会召开以来，在各级党委、政府的支持下，脱贫攻坚扶贫工作顺利推进，蛮旦阿昌族人民经济、文化、社会各项事业稳步推进，阿昌族山寨日新月异，逐步繁荣富强。惠民政策使蛮旦阿昌族乡旧貌换新颜，危房换成五层楼房。人民群众感受到了党组织的温暖，感受到了党的先进性。2018 年，蛮旦阿昌族人民精心组织，认真策划，举办了一个红红火火春节晚会。

蛮旦渡口位于小龙江中游，海拔 946 米，地处腾冲新华、蒲川，龙陵蛮旦，梁河勐养交界处，是自古以来的交通要塞。蛮旦渡口与腾冲市新华乡太和村隔江相望，是新华乡与龙山镇往来最便捷、最快速的水上通道。每逢大年初一，这里热闹非凡，熙熙攘攘，成了喧闹繁盛的集市。江畔两岸，摆满了各种年货、当地的小吃，橄榄、木瓜、芭蕉、柑橘等山珍野果琳琅满目，让人垂涎欲滴。船上满载的来往游客，两岸前来游玩的游客往往返返，络绎不绝。两岸码头集聚着等船人，人们似乎要乘一次船，到对面江岸转一转，才觉得满足。坐快艇，享受清风拂面、自由呼吸的畅快，一江碧水，两岸青山触手可及，身后快艇激起水花，领略龙江秀丽风光。

春节晚会上，舞蹈《阿昌家乡美》舞出了蛮旦在党和政府的正确领导下，精准扶贫，古村落、移民搬迁点、蛮旦大桥等重大工程正在紧锣密鼓地建设中，蛮旦阿昌乡定会越来越美！外地打工回乡的赧兆东演唱了一首《窝罗蹬》，唱出了阿昌族人民欢乐幸福的生活。在此期间，热情好客的阿昌族妇女还为远方领导和嘉宾敬酒，举杯共饮，共同庆祝节日。踏着“十三五”全面建成小康社会的新节拍，载歌载舞，欢声笑语，共同庆祝这良辰佳节。党的十九大以后蛮旦阿昌族人民将会随着党的方针政策继往开来，承前启后，满怀信心，斗志昂扬，昂首阔步，携手走向富裕之路、富兴之路，向着全面建成小康社会大步迈进。

2016 年以来，龙陵县加大投入各类扶贫资金，扶持阿昌族群众大力改善基础设施条件，培植增收产业。实现了“四通（通路、通电、通广播电视、通电话）、五有（有卫生室、有安全卫生的人畜饮水、有安居房、有文化室、有稳产田）、三达到（达到人均占有粮食量 409 公斤，达到阿昌族地区农民人均纯收入 1321 元，达到教育部实现基本普及九年义务教育、基本扫除青壮年文盲的‘两基’）”的目标。同时，以烤烟、石斛、生猪饲养为代表的农业产业建设获得了长足发展。“阿昌情”土锅酒厂在保护区内建成投产，在传统文化的推动下，“阿昌情”土锅酒美名远扬，系列产品供不应求，年产值 2000 多万元，成为带动阿昌族同胞致富的龙头企业。阿昌族群众生产生活水平逐年提高。

2017 年上半年，国家投资建成寨脚龙川江大桥，保护区又多了一条连接腾冲市的便捷通道，蛮旦寨的基础设施建设呈现了翻天覆地的变化。蛮旦寨变得山更绿、水更清、路更平、灯更亮、人更勤，全寨生机勃勃，一派兴旺景象，为阿昌族传统文化的传承保护提供了坚实的物质基础和精神条件。

2018 年 3 月，云南省烟草专卖局配合保山市通过实施“产业发展、基础设施、民居保障、综合推进”四大工程，在各级政府和相关部门的共同努力

下，帮扶地区群众经济收入、基础设施、生产生活条件、居住环境、生活水平得到了明显的改善和提升。阿昌族人民积极投身精准扶贫和全面小康建设，满怀信心实现全面脱贫。

三、施甸阿昌族

云南省烟草专卖局（公司）作为全省阿昌族的挂钩扶贫单位，于2017年对阿昌族聚居和杂居的村委会进行排查调研，为阿昌族村民脱贫出列提出了“输血+造血”的产业扶贫模式，阿昌族、布朗族贫困群众脱贫致富从此找到门路。

云南中烟补助加上政府贴息贷款，让施甸县木老元乡鲁家寨贫困户阿学祥一家盖起了梦寐以求的新房子，由云南中烟援建的善洲思源实验学校2018年已经动工建设。不久的将来，学生们将搬进具备国际教学条件的新校园。施甸县摆榔乡大中村山茂养殖种植业合作社理事长李树村说，“输血+造血”式的扶贫，为小山村养殖产业升级奠定了基础。

多种政策叠加助推未来发展

阿昌族作为云南的世居少数民族、云南省特有少数民族、人口较少民族，国家一直都非常重视该民族的社会经济发展。在一直以来的常规扶贫基础上，制定了人口较少民族发展的中长期帮扶和多个五年规划。中烟集团云南烟草公司作为挂钩全省阿昌族的扶贫单位，投入巨额资金扶贫。第三轮西部大开发项目规划的施行，加上国家现在实施的全盘精准扶贫和省烟草集团启动的“幸福阿昌”“精准扶贫互联网+”“德宏阿昌族整村帮扶数据库建设”和全国民族团结示范州创建活动，再加上同济大学等智力支持，阿昌同胞中的精英闯出致富之路的带头作用与省州县阿昌族协会学会的谋划，定会使全省阿昌族聚居地展现出多姿多彩的自然生态和极具地域特色、民族特色的文化，阿昌人民的明天会更加美好。

参考文献

[1] 刘江．阿昌族文化史［M］．昆明：云南民族出版社，2001.

[2] 李金莲．汉傣之间：阿昌族的民族认同与文化变迁［J］．贵州民族研究，2006（4）．

[3] 千里原．民族工作大全［M］．北京：中国经济出版社，1994.

[4]《民委民族问题五种丛书》云南省编辑委员会．阿昌族社会历史调查［M］．北京：民族出版社，2009.

[5] 李仕兰．保山市人口较少民族在新农村建设中面临的困难及对策［J］．今日民族，2006（10）．

[6] 左治华，左骞．云龙阿昌史话［M］．昆

明：云南人民出版社，2015.

［7］贾泓，郭帅．德宏州阿昌村寨的美丽蜕变［N］．云南日报，2018-03-15.

［8］贾泓，郭帅．这个夜晚边寨芒晃格外暖［EB/OL］．［2017-10-30］．http：//m. dehong. gov. cn.

［9］国家民委民族问题五种丛书编辑委员会《中国少数民族》编写组．中国少数民族［M］．北京：人民出版社，1981.

［10］赵家培．阿昌之魂［M］．芒市：德宏民族出版社，2006.

［11］赵家培．阿昌族简介［M］．芒市：德宏民族出版社，2008.

［12］曹明强．阿昌族情歌选［M］．芒市：德宏民族出版社，1992.

［13］赵家培．阿昌族古今奇观［M］．芒市：德宏民族出版社，2010.

［14］戴成柱．南宛河之歌［M］．芒市：德宏民族出版社，2003.

［15］杨浚．南诏与阿昌族文化［M］．芒市：

德宏民族出版社，1997.

［16］陇川县政协文史委．陇川县文史资料选辑（五）［M］. 芒市：德宏民族出版社，1999.

［17］陇川县政协文史委．陇川县文史资料选辑（七）［M］. 芒市：德宏民族出版社，2012.

［18］陇川县史志办，政协陇川县文史委．户撒史话［M］. 昆明：云南民族出版社，2002.

［19］银开元，唐恩和．阿昌文化的构建［M］. 内部单行本 . 2003.

［20］管国芳．德宏州五种世居少数民族（傣景颇阿昌德昂傈僳）经济社会发展规划（2006～2010年）［M］. 昆明：德宏民族出版社，2008.

［21］《德宏傣族景颇族自治州概况》编写组，《德宏傣族景颇族自治州概况》修订本编写组．德宏傣族景颇族自治州概况［M］. 北京：民族出版社，2008.

［22］德宏州民族语文指导工作委员会．景颇族阿昌族社会历史调查文集［M］. 杨永生，整理．芒市：德宏民族出版社，2007.

后　记

《阿昌族史话》系由云南省社会科学界联合会组织的“云南史话·世居少数民族系列”之一，属国家重点民族图书基金规划立项课题。2017 年 12 月，德宏州社会科学界联合会在接到省上下达《景颇族史话》《德昂族史话》和《阿昌族史话》任务后，专门组织召开了由撰稿人，景颇族、阿昌族和德昂族 3 个民族学会参加的组稿会。最后确定由德宏师专的李茂琳和熊甜芳两位老师主笔。

两位主笔通过近 2 个月的走访、调研和文献查阅，在基本完成各部分资料汇集后，于 3 月中旬开始着手按分解任务撰写初稿。初稿于 2018 年 9 月完成。

2018年11月，由主编统稿修改后的稿件送阿昌族学会专家审读，按照反馈意见进行调整修订成二稿，送省社科联科普部初审，又一次按专家意见进行调整修改，最后形成定稿交云南人民出版社。

编著者在尽量把握学术前沿的情况下，将一些学界新成果融入全书，又经过多方史实和民族宗教政策方面的斟酌，用新的观点和新的资料充实了有关阿昌族历史文化的描述。

该书从组稿到成书，始终得到省州社科联、德宏州民宗局和出版单位的帮助，为我们提出了很多宝贵意见和建议，在此，一并表示衷心的感谢。该书是在前人资料与成果的基础上完成的，于此也向前辈学者专家致以崇高的敬意。编著者在编写时尽管费出不少心血，但难免会出现一些纰漏和瑕疵，敬希读者给予批评指正。